JANINA KÜRSCHNER

Morgens Zirkus, Abends Theater

... und zwischendurch ganz großes Kino

Mit Illustrationen
von Annegret Ritter

Über die Autorin:
Janina Kürschner ist 1973 geboren. Sie hat 4 Kinder, ist studierte Volkswirtin und war viele Jahre als Entwicklungshelferin weltweit unterwegs. Heute hilft sie hauptsächlich ihren Kindern in ihrer Entwicklung und unterstützt ihren Mann in der Gemeindearbeit. Nebenbei schreibt sie Kolumnen über die großen und kleinen Dinge des Lebens.
Der Autorin auf Twitter folgen: @alltagsexpertin

Bibliografische Information der Deutschen Nationalbibliothek
Die Deutsche Nationalbibliothek verzeichnet diese Publikation in der Deutschen Nationalbibliografie; detaillierte bibliografische Daten sind im Internet über http://dnb.ddb.de abrufbar.

ISBN 978-3-96362-197-0
Alle Rechte vorbehalten
© 2021 by Francke-Buch GmbH
35037 Marburg an der Lahn
Umschlagbild & Innenillustrationen: Annegret Ritter
Umschlaggestaltung: Francke-Buch GmbH
Satz: Francke-Buch GmbH
Printed in Czech Republic

www.francke-buch.de

Inhalt

Vorwort 9

Sonntag war früher Putztag 11

Befremdet durch Fremdbetreuung 15

Wir sind die schrecklichsten Eltern 19

Die Langeweile bringt mich um 23

Wenn er kommt, dann ~~laufen~~ helfen wir 29

Mama, warum bist du eigentlich so religiös? 35

Maxi, hast du auch DANKE gesagt? 39

An der Tankstelle kaufen nur Idioten 45

Wenn es dunkel wird um den dementen Onkel 51

Zeit für Gott, Familie und mich 59

Christliche Männer-WG sucht Mitbewohner 67

Wie man Freunde gewinnt 73

Gastfreundschaft für Anfänger 79

Urlaub mit Kindern? – Das ist Alltag unter

erschwerten Bedingungen! 87

Psst, Janina kommt! 93

Und? Was machen wir heute Schönes? Die Entdeckung

der Langsamkeit 105

*Schaffe in mir, Gott, ein reines Herz,
und gib mir einen neuen beständigen Geist.*

PSALM 51,12

Vorwort

Vor fünf Jahren brach für mich eine Welt zusammen. Ich erwartete gerade unser viertes Kind und war deswegen monatelang wegen Übelkeit ans Bett gefesselt. Der nächste Karriereschritt rückte plötzlich in ganz weite Ferne. Gerade noch war ich als Fundraiserin für eine Entwicklungshilfeorganisation weltweit tätig gewesen, nun konnte ich nicht einmal mehr in das Büro nach Köln fliegen. Der entscheidende Moment kam ein paar Monate später: Ich organisierte gerade eine große Spendengala. Unmittelbar vor dieser Auktion brachte mir meine Mutter meinen Kleinen zum Stillen. Kurze Zeit später saß ich mit ihm in der Hoteltoilette und dachte mir: Was mache ich hier eigentlich?

In diesem Moment wurde mir klar: Karriere und Mutter sein – das geht nicht mehr gleichzeitig. Der Ruf der Arbeit wird immer lauter. Eines wird zu kurz kommen. Und das ist das Baby, das gerade in meinen Armen friedlich eingeschlafen war. Ich war zerrissen, denn einerseits hatte ich lange studiert und wollte meine erworbenen Kompetenzen einsetzen. Andererseits sah ich, dass ich durch die Doppelbelastung an mein Limit kam. Hat Gott jetzt vielleicht einen anderen Plan für mich? Und würde ich jemals wieder in den Beruf zurückkehren, wenn ich jetzt unterbräch? All das wusste ich zu diesem Zeitpunkt nicht.

Heute bin ich leidenschaftlich gern Mutter, Pfarrfrau und zwei Tage pro Woche Berufsberaterin und unterstütze Frauen bei ihrem Wiedereinstieg in das Berufsleben. Denn inzwischen sind mir die Ängste und Sorgen der Frauen nicht mehr fremd.

Im Nachhinein wurde mir auch klar, dass die Familienzeit keineswegs verlorene Zeit war. Denn Mutter zu sein, kann durchaus außergewöhnliche Kompetenzen zutage fördern. Wer Kinder hat, muss z. B. die Fähigkeit besitzen, dem Leben Struktur zu geben. Wir müssen organisieren und Gleichzeitigkeiten im Tagesablauf managen. Mütter müssen fördern und fordern und bei nächsten Entwicklungsschritten dieses Maß immer wieder neu austarieren und anpassen. Außerdem sind wir angehalten, neben unserem Vollzeitjob in der Familie auch unsere eigenen Ressourcen zu schützen und darauf zu achten, weder auszubrennen noch geistlich zu verkümmern. Das ist mir keineswegs immer leichtgefallen. Diesen Weg beschreibe ich hier.»Morgens Zirkus, abends Theater … und zwischendurch ganz großes Kino« umfasst Familiengeschichten, wie sie das Leben bei uns schrieb. Aufgeführt sind sie hier in chronologischer Reihenfolge. Der letzte Artikel ist in Zusammenarbeit mit meinem Mann entstanden, dem ich für all seine Unterstützung sehr dankbar bin. Die Coronakrise haben wir als Chance gesehen, neue, gemeinsame Wege zu gehen.

Sonntag war früher Putztag

Wenn ich meine Kinder (1, 9, 11, 14) fragen würde, wer am Sonntag freiwillig mit in den Gottesdienst gehen möchte, würde sich, außer dem Baby, garantiert niemand melden. Also fragen wir nicht, sondern legen es einfach fest. Natürlich haben Kinder in dem Alter auch die Möglichkeit, anhand ihrer Körpersprache zu zeigen, dass sie lieber woanders sein wollten. Wovon sie auch reichlich Gebrauch machen.

Wir haben wirklich viele Anreizsysteme und Belohnungen am Sonntag probiert (»Danach machen wir etwas Schönes!«), um unseren Kindern den Gottesdienstbesuch schmackhaft zu machen. Aber es war wohl vergeblich, denn momentan scheint einfach alles, was man am Sonntagmorgen statt eines Gottesdienstbesuches machen könnte, interessanter zu sein.

Da ich selbst nicht in einem christlichen Elternhaus aufgewachsen bin, wäre es umso wichtiger für meine Kinder, dass sie sonntags in den Kindergottesdienst gehen, da ich nirgendwo gelernt habe, wie ich meinen Kindern den christlichen Glauben weitergeben kann.

Natürlich habe ich einiges dazu gelesen, aber es will sich einfach keine »christliche« Routine in den Alltag (außer dem sonntäglichen Gottesdienstbesuch) einstellen. An meinem Bett hat früher niemand gesessen und gebetet oder Psalmen mit mir gelernt. Ich habe meine Eltern auch nicht zusammen beten sehen. Christliche Feste wurden nicht gefeiert und sonntags war bei uns zu Hause Putztag.

Nun bin ich selbst Mutter und würde gern so vieles anders machen, aber ich habe einfach unterschätzt, wie schwer Rituale sich einüben lassen.

Wir haben zum Beispiel eine Zeit lang jeden Samstagabend ein »Sonntagsbegrüßungsfest« gefeiert. Die »Liturgie« dafür hatte mir eine gute Bekannte gegeben, die dieses Fest regelmäßig mit ihrer Familie (erfolgreich) feiert. Also habe ich es auch versucht. Ich habe schön gekocht und dann um 18 Uhr mit Mann und Kindern eine biblische Geschichte gelesen und eine kurze Andacht

gehalten, danach haben wir uns zum Text ausgetauscht, wir haben noch gesungen und gebetet. Gern würde ich sagen, es war wundervoll und wir waren alle vom Geist erfüllt danach.

Stattdessen war ich ab Samstagnachmittag schon total im Stress, denn ich wollte gern pünktlich um 18 Uhr ein besonderes Abendessen auf dem Tisch stehen haben. Dann mussten die Lieder noch mal auf der Gitarre geübt werden und die Andacht vorbereitet werden. Und obwohl ich verschiedene Vermittlungsmethoden ausprobierte, die Kinder fanden fast alles langweilig oder sehr lustig, es war jedenfalls frustrierend. Mein Mann hat bis 18.30 Uhr alles mitgemacht, aber dann begann die Sportschau und auch er wurde unruhig. Also haben wir nach ein paar Monaten das Fest gecancelt.

Inzwischen habe ich gemerkt, dass unsere Kinder sehr wohl an christlichen Themen interessiert sind. Die Fragen kommen dann nicht am Samstagabend vor der Sportschau oder sonntagmorgens im Kindergottesdienst, sondern beim gemeinsamen Essen oder wenn sie von der Schule kommen. Aktuell sind Fragen zum Thema *Freundschaft und erstes Verliebtsein* en vogue. Die immer wiederkehrende Frage »Wie hast du Papa noch mal kennengelernt und wie wusstest du, dass er der Richtige ist?« wird nun ergänzt durch detaillierteres Nachfragen wie »Du hättest Papa wirklich nicht geheiratet, wenn er kein Christ gewesen wäre? Krass!«.

Nichtsdestotrotz, der Sonntag bleibt ein Familientag und beginnt mit einem Gottesdienst, auch wenn der nicht immer vergnügungssteuerpflichtig ist. Es ist ja auch gut für die Kinder, wenn die Eltern mal auftanken dürfen.

Befremdet durch Fremdbetreuung

»Oh schön, dass du mehr Zeit mit den Kindern zu Hause verbringen willst, dann könnten wir ja gleich auch die Putzfrau abbestellen.« Meine promovierte Freundin war fassungslos darüber, was sie gerade von ihrem Mann hörte, als sie entschied, ihre Stelle zu kündigen, um wieder mehr Zeit mit dem einjährigen Sohn zu verbringen. Denn sie hatte genau wie ich lange studiert und sollte nun als Putzfrau arbeiten?

Ich wusste damals noch nicht, wie mein Mann auf eine derartige Ankündigung meinerseits reagieren würde, denn auch ich war im letzten Jahr noch fest davon überzeugt, dass ich nach der Geburt unseres vierten Kindes möglichst bald wieder arbeiten gehen würde. Insofern suchte ich im letzten Jahr einen Kitaplatz für unseren fast zweijährigen Sohn Maximilian. Im September begann die Eingewöhnungszeit im Kindergarten. In drei Wochen sollte es unserem Sohn gelingen, sich langsam von Mama zu entwöhnen, um sich an die Erzieher zu gewöhnen. Wir steigerten die Betreuungszeit von anfangs 30 Minuten auf zweieinhalb Stunden. Was ich in diesen drei Wochen erlebt habe, hat mir das Herz zerrissen, obwohl die Erzieher sehr einfühlsam waren. Schreiende Einjährige, die den Trennungsschmerz von Mama nicht so schnell überwinden konnten. Die oft wiederholten Sätze zum Trost »Mama

kommt gleich« (in zehn Stunden) oder »Mama muss arbeiten« halfen leider auch nicht. Das ging mir durch Mark und Bein.

Auch vom Kindergarten wurde mir dieser Schritt mehrfach empfohlen, denn ein Kind, das nur für wenige Stunden im Kindergarten ist, kommt gar nicht richtig in die Gruppe rein, sagten die Erzieher. Die Konsequenz davon war, dass Maxi ab 15 Uhr völlig fertig war und wir Mühe hatten, ihn bis 18 Uhr wach zu halten. Auch die Nächte wurden wieder turbulenter, ich hatte das Gefühl, dass er sich die fehlende Zeit mit Mama am Tag nun nachts zurückholte. Gleichzeitig nahm ich aber wahr, dass andere Mütter das auch irgendwie schafften, allerdings unter komplettem Verzicht auf Freizeit oder nur ein paar Stunden Schlaf (wie ich in vertraulichen Gesprächen erfuhr).

Ich merkte, wie ich die Elternzeit nur noch als Vorbereitungszeit für den Berufseinstieg wahrnahm und bei jedem Kind, das morgens krank war und nicht zur Schule oder Kita gehen konnte, dachte: »Wie mache ich das nur, wenn ich wieder berufstätig bin?«

So konnte es irgendwie nicht weitergehen, ich fühlte mich innerlich total zerrissen. Einerseits wollte ich gern für die Kinder und meinen Mann da sein, andererseits wollte ich auch gern wieder arbeiten, um meine erworbenen Kompetenzen einzusetzen.

Als mein Mann und ich am 31. Oktober mit den Nachbarn wieder ein »Luther-Fest« bei uns zu Hause feierten, schlüpfte ich in die Rolle von Martin Luthers Frau. Um den Abend besonders authentisch zu gestalten, hatte ich einiges über Katharina von Bora gelesen, z. B. ihre Rolle als Hausfrau und Mutter und Leiterin des Hauses »Luther«.

Das hat mich seitdem nicht mehr losgelassen. Katharina konnte all ihre Gaben zu Hause entfalten (Wirtschaften, Planen und Organisieren, Kochen etc.). Die Berufstätigkeit der Frau war damals noch kein Thema. Katharina war eine gebildete Frau, sie hatte in der Klosterschule lesen und schreiben gelernt und besaß sogar ein paar Lateinkenntnisse. Nach heutigem Verständnis hätte sie sicher auch zu den gut ausgebildeten akademischen Müttern gezählt, die unbedingt schnell wieder dem Arbeitsmarkt zur Verfügung stehen müssen. Sie war die starke Frau hinter Luther, eine echte Zisterzienserin, die arbeiten und beten gelernt hatte. Dazu ist sie sehr früh (im Winter um fünf Uhr) aufgestanden. Auch war sie unglaublich pragmatisch. Als ihr Mann Martin sich beispielsweise ein paar Tage ohne Essen und Trinken ins Zimmer einschloss, hat sie, ohne lange zu überlegen, kurzerhand die Tür aufbrechen lassen. Das hat mich nachhaltig beeindruckt. Auch ich habe ich in der Zeit mithilfe meiner geistlichen Begleiterin eine neue Sicht erhalten, wie Gott diesen Platz für die Familie jetzt von mir ausgefüllt haben möchte.

Nach einigem Überlegen bin ich deswegen wieder einen Schritt zurückgegangen. Ich habe die Betreuungszeit unseres Zweijährigen wieder auf drei Stunden am Tag reduziert und genieße es sehr, wenn er mir mit ausgestreckten Armen entgegenrennt. Kochen können wir mittags nun gemeinsam. Da mein Mann berufsbedingt abends oft nicht zu Hause ist, freut er sich nun auch, wenn wir mittags zusammen essen.

Die Mittagsschlafzeit von Maximilian kann ich nun auch flexibel gestalten, sodass er meist einschläft, wenn die großen Geschwister ab 14 Uhr von der Schule kommen. Dadurch habe ich auch viel mehr Ruhe, mich mit ihnen über den Tag in der Schule auszutauschen.

Auch auf die wöchentliche Fahrt zum Hockeytraining mit unserem Zehnjährigen konnte ich mich nun wieder freuen. Während ich vorher versuchte, die Trainingszeit optimal zu nutzen und den Wocheneinkauf in der Zwischenzeit zu erledigen, habe ich ihm jetzt auch mal zugeschaut und einige interessante Eltern kennengelernt.

Vieles hat sich zu Hause nun entspannt. Ich mache gar nicht so viel anders, sondern habe nur eine andere Sicht auf die täglichen Dinge.

Die verschiedenen Optionen für den beruflichen Einstieg, die ich in der Berufsberatung erarbeitet habe, liegen nun erst mal in meiner Schreibtischschublade. Bei dem Fachkräftemangel in Deutschland kann ich sie auch noch getrost in ein paar Jahren herausholen.

Wir sind die schrecklichsten Eltern

»Ihr seid die schrecklichsten Eltern der Welt. Ich hasse euch«, schreit unser Zehnjähriger mich an, nachdem seine tägliche Medienzeit von vierzig Minuten von mir jäh beendet wurde. Ich muss ihm den Computer mal wieder förmlich aus den Händen reißen. Verschiedene Taktiken »Okay, noch fünf Minuten!«, halfen auch nicht. Dann kam der Wutausbruch eben fünf Minuten später.

Manchmal habe ich es wirklich satt: fast jeden Tag Theater mit drei von vier Kindern, die schon Zugang zu Medien haben dürfen.

Seit drei Jahren (als unsere Älteste ein Handy bekam) bin ich nun nicht nur Mutter, Ehefrau, Friseurin und Köchin, sondern auch Polizistin. So komme ich mir langsam vor, denn bei uns gibt es feste Medienzeiten, um einer bevorstehenden Mediensucht unserer Kinder entgegenzuwirken.

Wie gesagt, wir sind schrecklich: Unsere fast 16-jährige Tochter darf drei Stunden am Tag ans Handy oder den Computer und das nicht vor 17 Uhr oder am Wochenende nicht vor 13 Uhr. Die Jungs, zehn und zwölf, dürfen nach 17 Uhr täglich 40 Minuten bzw. eine Stunde an die diversen Medien.

Das sei natürlich viel zu kurz, finden die Kinder. Und das höre ich täglich. Selbstverständlich dürften alle Freunde und Nachbarskinder länger an den Computer und seien medientechnisch viel besser ausgerüstet als sie selbst. Na klar, denn auf Nachbars Wiese ist das Gras immer grüner …

Auch wird über die Kinder kolportiert, wir seien komisch mit unseren medienpolizeilichen Maßnahmen.

Was die anderen Eltern von mir denken, ist mir natürlich nicht ganz egal. Aber als ich gesehen habe, wie unsere Kinder mit den Medien und auch miteinander umgegangen sind, als sie die Freiheit noch hatten, ist mir angst und bange geworden.

Ein typischer Sonntag lief dann folgendermaßen bei uns ab: Beim Frühstück erzählten alle von den Filmen, die sie am Abend vorher gesehen hatten. Beim Anziehen im Bad musste natürlich Musik gehört werden und die ersten wichtigsten WhatsApp-Nachrichten gelesen bzw. die Sprachmemos angehört werden (anscheinend schreibt man als Teenie heute nicht mehr!). Auf dem Weg zum Gottesdienst haben die beiden Großen die ganze Fahrt über im Auto am Handy gespielt. Während der Predigt wollten alle Geschwister gern mit ihrem kleinen Bruder in den Kinderraum, natürlich nicht aus Bruderliebe, sondern damit sie dort weiter am Handy spielen konnten. Mir fiel das erstmalig auf, als der Zweijährige allein im Gottesdienstraum nach Mama suchte. Die großen Brüder waren so beschäftigt mit dem Handyspiel gewesen, dass sie nicht mal gemerkt hatten, wie der Kleine ausgebüxt war. Das war einer dieser Tage, an dem uns als Eltern klar wurde, dass etwas passieren muss und wir den Kindern helfen müssen, indem wir ihren Medienkonsum einschränken und ihnen zeigen, wie man besser damit umgehen kann. Sonst wird das Leben zum Spam.

Bei uns im Bad hängt ein Bild mit einem Spruch von Dietrich Bonhoeffer: »Der erste Gedanke und das erste Wort möge dem gehören, dem unser ganzes Leben gehört.«

Und der erste Gedanke sollte eben nicht der Wetter-App gehören oder den News auf dem Handy.

Und wie kann man überhaupt beten lernen, wenn man Stille nicht mehr aushalten kann?

Seitdem wir diese Zeiten eingeführt haben, hat sich manches geändert. Unsere 16-jährige Tochter ist in den Zeiten, in denen sie das Handy nicht benutzen darf, bei uns unten. Sie spricht wieder mehr mit uns, lässt uns teilhaben an ihrem Leben. Mit fast 16! Auch legt sie sich nach acht Stunden Schule um 16 Uhr meist erst mal zum Schlafen ins Bett, weil sie erst ohne Handy merkt, dass sie sehr müde ist.

Unsere Jungs können nun nach der Schule entspannt alles loswerden, was sie beschäftigt, ohne dass wir mit den 750 WhatsApp-Nachrichten der Freunde konkurrieren müssen.

Und aus der neuen Langeweile heraus entstehen manchmal so charmante neue Ideen wie: »Wollen wir mal ein neues Rezept ausprobieren?« Oder »Soll ich mit Maxi im Garten spielen?«. Oder es wird mal freiwillig Klavier geübt, und zwar so lange, dass der Klavierlehrer schon scherzhaft zu unserer Tochter sagte: »Du lernst die Stücke ja neuerdings so schnell, hast du kein Handy?«

Aber das Schönste ist, dass die Kinder auch wieder miteinander reden!

Neulich haben wir unsere Tochter gesehen, wie sie ihrem zwölfjährigen Bruder vorgelesen hat. Da denk ich manchmal, so muss das Leben in »Unsere kleine Farm« gewesen sein …

Klar habe ich als Mutter dadurch natürlich mehr zu tun und ich muss auch deutlich mehr präsent sein. Allerdings sehe ich auch die Chance, mit den Kindern nun mehr über die Auswahl der Filme und YouTube-Videos zu sprechen, die sie sehen möchten. Und so kann es Freitagabend auch mal vorkommen, dass ich mir diverse Trailer von Filmwünschen der Kinder mit ihnen zusammen anschaue und wir dann entscheiden, was passt und was nicht. Und bei dem Zehnjährigen, der mit Vorliebe Star Wars etc. schaut, hilft dann manchmal eben auch die lieb gemeinte Ansage: »Wähle doch heute mal zwischen »Asterix« oder »Eine himmlische Familie«.

Beim letzten Elternabend wurde ich gefragt, wie ich denn verhindern will, dass die Kinder heimlich schauen. Da habe ich kurzerhand alle Handys auf den Tisch gelegt und gesagt: »Wenn ich gehe, dann nehme ich einfach alle Handys mit und die Computer werden eingeschlossen.«

Aber das gelingt nicht immer, so wie unsere Entdeckung im Bett unseres Zwölfjährigen letzte Woche zeigte: Ein kleiner tragbarer DVD-Player mit Monitor (ein Geschenk von Oma und Opa für lange Autofahrten!) und ca. 30 DVDs im Bett versteckt, machte uns einmal mehr klar, dass wir nicht alles im Griff und unter Kontrolle haben.

Als wir ihn daraufhin zur Rede stellten, verteidigte er sein Handeln noch damit, dass er sein Leben und vor allem die Schule als sinnlos empfindet und die Filme ihn wenigstens kurzzeitig ablenken. Nur eines hat er nicht dabei bedacht: Nach dem Medienkonsum ist die Realität umso härter, man fühlt sich umso leerer. Diese Lektion musste er nun leider auch lernen.

Und ich durfte erkennen: Ja, Mutter zu sein ist auch heute noch ein Vollzeitjob und hört nicht um 20.00 Uhr mit der Tagesschau auf. Und Medienerziehung hört auch nicht bei den Kindern auf …

Insofern muss ich manchmal schmunzeln, wenn die Kinder uns bei Tisch ermahnen: »Handy aus beim Essen!« Recht haben sie.

Die Langeweile bringt mich um

Vor ein paar Wochen erhielten wir aus der Schule unseres zwölfjährigen Sohnes die Rückmeldung: »Clemens sagt, er käme gar nicht mehr zu seinen Hausaufgaben, da er so viele Arbeiten zu Hause zu erledigen hätte.«

»Wie bitte?«, dachte ich. »Glauben Sie mir, Clemens hat genügend Zeit, um seine Hausaufgaben zu machen«, antwortete ich. Aber es war schon ein netter Versuch, die Lehrer auf seine »furchtbare« Situation zu Hause aufmerksam zu machen. Denn in der Tat: Clemens und alle anderen Kinder hatten seit einiger Zeit allen Ernstes zu Hause Pflichten auferlegt bekommen. Sie sollten sich im Haushalt einbringen. Was war los im Hause Kürschner? Verbotene Kinderarbeit? Muss das Jugendamt eingeschaltet werden? – Wir glauben, es gibt noch Hoffnung …

Als ich vor ein paar Monaten den Medienkonsum unserer Kinder drastisch auf etwa eine Stunde am Tag reduzierte, ergab sich plötzlich ein neues Problem, man könnte auch sagen eine neue »Herausforderung«, wie heute gern formuliert wird. Die Kinder hatten am Nachmittag mit einem Schlag wahnsinnig viele Stunden nichts mehr zu tun. Und das will erst einmal verarbeitet werden … Während unsere Tochter stundenlang Bilder malte und unser Sohn sich alle historischen Romane der Stadtbibliothek reinzog, kreisten die Gedanken von Clemens ständig darum, was er sich als Nächstes von seinem Taschengeld kaufen sollte oder was er sich vielleicht zu Weihnachten wünschen könnte – immerhin war es bereits Mai. Und nicht nur einmal hörte ich den gequälten Satz: »Mama, mir ist so langweilig!« Typischerweise waren das meist solche Momente, in denen wir als Eltern gerade kaum wussten, was wir zuerst machen sollten.

Zum Beispiel kurz vor dem Mittagessen. Während ich parallel den Tisch decken darf, Essen kochen und den mittagschlaf-müden kleinen Maximilian im Blick habe, sitzt garantiert eines der drei anderen Geschwister in dem bequemen Sessel in der Küche, schaut mir gelangweilt beim hektischen Hantieren zu und fragt mit apathischem Tonfall: »Was soll ich bloß machen?« Auf mein »Na, du könntest mir z. B. helfen!« kommt meist ein promptes »Nö, ich bin zu platt, ich dachte, du sagst mir jetzt, was ich SCHÖNES machen kann«. Auch tödlich gelangweilt ist meine Fünfzehnjährige noch wählerisch. Ein Lebenszeichen?

In diesen Situationen kommen mir dann gern zwei Gedanken: Erstens: Ist Mitgefühl eigentlich erlernbar??? Außerdem: Wie sagte doch neulich ein junger Mann/Flüchtling aus Eritrea zu mir: »Janina, du hast es gut, hast große Tochter, macht dir den ganzen Haushalt und kümmert sich um Kinder.« Ja, schön wärs!!! Durchaus zufrieden wäre man ja schon, wenn unsere Kinder sich freiwillig an den Pflichten in der Familie beteiligten.

Aber unsere Kinder sind eben nicht »edel, hilfreich und gut« von Geburt an, so wie Goethe es sich dachte, da dürfen wir als Eltern dann doch noch ein wenig nachhelfen – gleichsam »nachmodellieren«. Das ist Bildung im besten Sinne. Ein Lebensprojekt sozusagen, damit wir dem Bild ähnlich werden, das sich Gott von uns gemacht hat.

Ich stellte mir vor, dass die Freude der Kinder über ihre neuen Pflichten sich in Grenzen halten würde. Aber ich dachte mir, wenn ich den Medienentzug überlebt habe, schaffe ich das jetzt auch.

Angefangen haben ich mit Wochenendlisten für die drei großen Kinder. Auch mein Mann und ich sind dort eingetragen – geteiltes Leid ist halbes Leid. Samstagmorgen habe ich alle ausschlafen lassen, ein schönes Frühstück vorbereitet und dann beim gemütlichen Essen jeden einzeln gefragt, was er an diesem Tag Schönes unternehmen möchte. Das wurde dann auf der rechten Seite der Liste unter der Kategorie »Schönes« notiert. Wenn es richtig gut lief, haben wir etwas gefunden, was alle gern machen, z. B. auf dem Wannsee Boot fahren oder gemeinsam Tischtennis spielen. Strategisch günstig legt man dieses Highlight an das Ende des Tages oder auf den späten Nachmittag.

Zuvor habe ich mir schon überlegt, was für Arbeiten im Garten und im Haus anstehen, wer wie viel Hausaufgaben hat und was mein Mann unbedingt noch reparieren sollte. Zu solchen Überlegungen hat man reichlich Zeit. Schließlich ist man gewöhnlich schon ab 6.30 Uhr mit dem Jüngsten auf den Beinen. Klein Maximilian unterscheidet noch nicht zwischen wochen- und feiertags …

Von einem Onkel erhielt ich den Tipp, jeden zwischen zwei Dingen wählen zu lassen, ob sie z. B. lieber den Rasen mähen oder mit einem Geschwisterkind für die anstehende Englischarbeit lernen wollen. Dies wurde in die linke Seite der Liste unter die Überschrift »Pflichten« notiert. Zum Schluss habe ich alles in eine zeitliche Reihenfolge gebracht. So weiß jeder, bis wann was erledigt sein sollte. Das klappt richtig gut. Ich selbst finde so auch aus der Nörgelfalle raus: »Ich Arme, habe so viel zu tun und keiner hilft mir.«

Schlagartig war die Stimmung am Wochenende besser. Und die Kinder merkten schnell, wenn sie Mama und Papa unterstützen, dann sind wir gleich viel besser gelaunt und haben auch Lust und Zeit, mit ihnen mal etwas Besonderes zu unternehmen. Und vor allem die schreckliche Langeweile war weg, jetzt freuten sie sich über eine Arbeitspause und waren voller Tatkraft. Ich ahnte, dass kein Kind zum Rumhängen geschaffen ist. Dazu sahen die Kinder auch die Erfolge ihrer Arbeit: Der Garten sieht gepflegter aus, man rennt auch die Blumen nicht achtlos um, die man selbst gepflanzt hat. Die Klassenarbeit in Englisch wird mit einer Zwei belohnt usw.

Dieser Ansatz mit der Liste hatte aber außerdem noch einen grandiosen Nebeneffekt, der mich im Nachhinein am meisten froh macht. Da die Kinder nun sinnvolle Tätigkeiten erledigen und nicht nur bespaßt werden, haben sie auch wirklich die Gewissheit, dass sie gebraucht werden und dass es einen Sinn hat, auf dieser Welt zu sein. Denn wenn der Tag auch mit Dingen gefüllt wird, die man füreinander tut, dann ist man abends auch er-füllt. Wer sich Ziele setzt und diese erreicht, der ist am Ende des Tages auch reicher. Vorher hatten wir abends oft Kinder vor uns, die vor lauter Überdruss und Langeweile völlig leerdrehten, gleichsam an einer Freizeitvergiftung litten. Saß man dann abends an ihrem Bett, klang es einem geradezu depressiv und lebensmüde entgegen: »Wozu das alles? Es hat doch alles keinen Sinn.« – Doch, es hat einen Sinn, dass du da bist: Wir lieben dich. Wir brauchen dich. Und Gott braucht dich auch.

Wenn er kommt, dann ~~laufen~~ helfen wir

Gerade habe ich mich wieder dabei ertappt, wie ich im Nachrichtenportal meines Handys gezielt die Meldungen lese, in denen es um das Verhalten von Flüchtlingen in Deutschland geht: Verbrechen von Asylanten und schreckliche Vorkommnisse in den Flüchtlingsheimen. Ja, es macht mir Angst.

2015 begann dieses diffuse Gefühl mit der großen Flüchtlingswelle und hat mich seitdem nicht mehr losgelassen. Jeden Tag habe ich damals gebangt, wie viele Menschen denn noch nach Deutschland kommen und wann die Grenze endlich, endlich geschlossen wird.

Gleichzeitig haben wir das Sicherheitskonzept unseres Hauses überarbeitet und Bewegungsmelder im Garten anbringen lassen. Es ist schon irre, zu was einen die Angst alles treibt. In meinem Gebetstagebuch stand diese Angst immer ganz prominent im Bereich »Persönliche Anliegen«. Und Kanzlerin Merkel gehörte in puncto »Fürbitten« ohne Zweifel in den VIP-Bereich.

Was sollte ich tun, ich konnte abends nicht mehr gut einschlafen und gefühlt alle Gespräche mit Freunden und Bekannten kreisten um dieses ominöse Thema.

Ausgerechnet in dieser Gemütslage sprach mich ein Bekannter an, dass er eine Mentorin für die weiblichen Flüchtlinge sucht, die er in der Berufsberatung betreut. Da ich ihn wirklich mag, konnte ich nicht gleich absagen und ließ mich darauf ein, ihn erst mal probeweise zu begleiten.

Bei dem ersten Treffen lernte ich Nuri (30 Jahre) aus Syrien kennen. Sie gehörte zur armenisch-christlichen Minderheit in Aleppo und hatte bereits ihr Studium der Telekommunikation in Syrien abgeschlossen. 2015 musste sie fliehen. Nun saß sie hier zwischen uns und wollte oder musste ihr Leben noch mal neu beginnen. Hier in Deutschland. Beim ersten Treffen erarbeiteten wir zusammen einen unternehmensfreundlichen Lebenslauf. Mühsam wurden die einzelnen Schritte rekonstruiert, was selbst bei akademisch geprägten Syrern gar nicht so leicht ist, denn auch Nuri musste schnell Aleppo verlassen und konnte ihre Zertifikate und Referenzen nicht mehr einpacken. Dabei erfuhren wir dann, dass sie vorher in Schweden war. Das Flüchtlingsheim war dort im Nichts. Es gab wohl einen Sprachkurs, aber keine Perspektive auf Arbeit. Also ging es weiter nach Deutschland, denn dort sind die Ausbildungs- und Arbeitsmöglichkeiten viel besser.

Das erste Treffen lief richtig gut, der Lebenslauf war fertig. Nun konnte es beim nächsten Treffen um ihre Wünsche, Stärken und Schwächen gehen.

Doch schon bei der ersten Frage »Was ist dein Traumberuf?« kamen ihr die Tränen und sie sagte: »Ich habe keine Träume mehr. Früher hatte ich Träume, aber die wurden alle zerstört.« Mein Bekannter, der viele Jahre als Ministerialdirektor im Bildungssektor zuständig war, hatte diese Reaktion wohl nicht zum ersten Mal erlebt und tastete sich nun behutsam mit anderen Fragen vor: »Was sind deine Eltern von Beruf? Was machen deine Geschwister? Was sagen deine Freunde, was du gut kannst?« – Ja, so klappte es und die Tränen trockneten langsam. Als wir zum Schluss über ihre Hobbys sprachen und was sie in ihrer Freizeit momentan macht, fragte mein Bekannter ganz selbstverständlich, ob sie schon eine gute Gemeinde gefunden habe. Als sie das verneinte, empfahl er ihr eine und sagte: »Es ist gut für dich, wenn du dir eine christliche Gemeinschaft suchst, das tut jedem Christen gut.« Wow, dachte ich, ich wusste gar nicht, dass er so denkt, ist er vielleicht auch Christ, ich hatte ihn gar nicht gefragt.

Vor dem nächsten Treffen durfte ich mit ihr einen professionellen Online-Gabentest machen, der dankenswerterweise nun auch in Arabisch extra für Flüchtlinge erstellt wurde. Mit der umfangreichen Testauswertung konnten beim dritten Treffen aufgrund der identifizierten Berufsfelder (gemäß ihren Gaben) konkrete Ausbildungsberufe bzw. Studiengänge vorgestellt werden. Viele Berufe habe ich vorher selbst gar nicht gekannt, es gibt allein 368 Ausbildungsberufe in Deutschland. Das hätte ich niemals für möglich gehalten. Sie entschied sich für die Ausbildung zur Fachinformatikerin in Systemintegration.

Meine Aufgabe bestand nun darin, Unternehmen zu finden, die in diesem Bereich ausbilden und Orientierungs-Praktika anbieten. Ich vereinbare Vorstellungstermine und begleitete sie

dorthin. Das Interesse an ihr war wirklich enorm, zwei große Telekommunikationsunternehmen hätten sie sofort als Praktikantin oder sogar als Quereinsteigerin genommen. Denn sie sprach außer Arabisch noch Türkisch, Armenisch und Englisch fließend. Ein wahrer Schatz!

In gleicher Weise habe ich nun auch Ruana begleitet, eine junge Muslima, die nach einem Jahr schon richtig gut Deutsch sprach. Sie hatte in Syrien (Damaskus) schon ein Jahr Psychologie studiert, bevor auch sie mit ihrer Familie 2015 fliehen musste. Wie bereits Nuri hatte auch Ruanas Familie über andere Geflüchtete gehört, dass die Situation für Flüchtlinge in Deutschland am vielversprechendsten ist. In vielen anderen europäischen Ländern endet die Sozialhilfe nach einem halben Jahr. In Deutschland nicht.

Ich merkte, wie gleich meine Angst wieder in mir hochkam. Jetzt kommen sie alle, beuten unsere Sozialsysteme aus und bleiben für immer.

Allerdings überraschte mich Ruana bei einem unserer ersten Treffen gleich damit, dass sie sich einen Beruf wünschte, den sie unbedingt auch in Syrien ausüben konnte. Denn für sie und ihre Familie stand fest, dass sie so schnell wie möglich wieder zurück nach Syrien wollten. Denn ihre Familie gehörte einer wohlhabenden, gebildeten Elite an.

Da ich diese Treffen wegen der Kinder auch öfters bei uns zu Hause stattfinden ließ, überraschte uns auch immer eines der Kinder mit seinen Kommentaren oder Fragen. An Ruana war vor allen Dingen unser Zehnjähriger interessiert. Da er seit Monaten eifrig mit uns die Nachrichten schaute, hatte er an eine Kopftuchträgerin in unserem Haus auch gleich ein paar Fragen: »Hallo, ich bin Laurenz, sag mal, sind die Menschen misstrauisch zu dir, wegen deinem Kopftuch?« und: »Was denkst du über den Anschlag in Berlin?«. Ich war in dem Moment so froh, dass sie die Wörter »misstrauisch« und »Anschlag« noch nicht in ihrem

Wortschatz hatte, sodass wir weiter entspannt an ihrem Lebenslauf arbeiten konnten.

Nachdem Ruana und ich uns ein bisschen kennengelernt hatten, fragte sie auch, was mein Mann arbeitet. Als sie hörte, dass er Pfarrer ist, fragte sie mich, ob ich auch wüsste, dass es in Deutschland Menschen gibt, die an nichts glauben. »Ja, ganz viele, leider.« – »Warum?«, fragte sie weiter. Ich wusste nicht, was ich ihr darauf antworten sollte. Aber traurig waren wir beide darüber.

Gern würde ich hier schließen und erzählen, wie erfolgreich diese Arbeit ist, aber es ist schon auch ein mühsames Stück Arbeit. Nuri hat zum Beispiel alle guten Jobangebote ausgeschlagen. Die traumatischen Erlebnisse ihrer Flucht haben sie wieder eingeholt, sie war ein halbes Jahr so depressiv, dass sie nicht mal mehr zum Sprachkurs gehen konnte. Nun kellnert sie, um sich so langsam wieder an Menschen zu gewöhnen und die deutsche Sprache auch sprechen zu können. Ruana fiel erst durch einen Orientierungstest für ein Praktikum bei einem Zahntechniker durch, da ihr das räumliche Vorstellungsvermögen und die handwerklichen Fähigkeiten fehlten. Nach einer »Ramadan«-Auszeit war sie dann im Juli für ein Praktikum in einer Apotheke bereit, um später pharmazeutisch-technische Angestellte zu werden. Allerdings wohl eher in Berlin, wo sie mit Kopftuch auch Kunden bedienen kann. Denn: »Das löst in Potsdam«, wie es in der Apotheke verlautete, »Ängste bei den Kunden« aus.«

Nun bin ich seit fünf Jahren in der Berufsberatung tätig, meine Angst hat sich zwar nicht vollständig verflüchtigt, aber die Arbeit hilft mir dabei und ist für mich weiterhin wie eine Therapie zur Angstbewältigung. Denn das Diffuse bekommt hier ein Gesicht. Und in meinem Gebetstagebuch stehen nun im Bereich »Fürbitte« die Namen meiner Schützlinge.

Mama, warum bist du eigentlich so religiös?

»Mama, mit dir stimmt doch was nicht. Du liest freiwillig am Morgen die Losungen und sprichst zu jemandem, den du nicht mal siehst. Warum bist du nur so krass drauf?«, fragt mich meine 15-jährige Tochter, nachdem sie von ihrer Teenie-Kleingruppe zurückkommt. Offensichtlich wurde dort etwas bei ihr angestoßen, was mich mit voller Wucht abends um 22 Uhr erwischte.

Dort konnte sie mit der Leiterin in einem Gespräch unter vier Augen über all ihre Zweifel hinsichtlich der Existenz Gottes sprechen. Mit mir kann sie das ja nicht, denn ich will ja nur, dass sie zur christlichen Religion »übertritt«.

Klar wünsche ich mir das. Allerdings wissen wir Eltern auch, dass der Glaube nicht erblich ist, sondern von jeder Generation neu errungen werden muss. Gott hat eben keine Enkel. Und die Auseinandersetzung mit den Überzeugungen der Elterngeneration ist die Voraussetzung dafür, dass sie auch im eigenen Leben authentisch gelebt werden kann.

Es ist schon kurios, von der eigenen Tochter zu hören, dass man komisch sei. Interessante Perspektive. Vorher dachte ich, dass man allein sie für komisch halten könnte. Schließlich pflegt sie ein quasi religiöses Verhältnis zu ihrem Handy, von dem sie bei zahllosen Blicken ungefähr das zu erwarten scheint, was ich von Gott erhoffe: Sinn, Glück, Antworten auf sämtliche Fragen …

Gleichzeitig war ihr Einwand der Moment, in dem ich mich fragte, wie die eigene religiöse Praxis eigentlich auf die anderen Familienmitglieder wirkt, die sich als »nicht gläubig« bezeichnen. Darüber habe ich mir wirklich noch nie so richtig Gedanken gemacht.

Meine erste Frage war: Was macht denn meine Glaubenspraxis so »religiös«?

Wenn man in Potsdam wohnt, ist schon der sonntägliche Gottesdienstbesuch als Frau unter 70 etwas ganz Außergewöhnliches. Demzufolge kennen unsere Kinder auch kaum Familien aus ihrem Freundeskreis, die sonntags in den Gottesdienst gehen. Aus Sicht ihrer Klassenkameraden ist es sowieso völlig unnötig, in einen Gottesdienst zu gehen, denn wenn es Gott gäbe, dann könnte man auch so an ihn glauben.

Wir gehen also zu oft in die Kirche, reden zu oft über Gott, machen sonntags Pause und begründen zu viele Sachen mit Argumenten, die sich auf ein sonderbares antikes Buch stützen. Aus Sicht unserer Teenager sind wir die komischsten Eltern in der Nachbarschaft. »Warum kann Mama die Predigt nicht zu Hause hören, dann können wir wenigstens ausschlafen und es würde nicht so auffallen.«

Eines weiß unsere Tochter zumindest jetzt schon. Später möchte sie einen Freund haben, der das mit dem Glauben kritisch hinterfragt, der Zweifel hat, also nicht so wie wir.

Zweifel habe ich natürlich auch, aber offensichtlich habe ich sie nicht so offensiv mit den Kindern besprochen.

Außer neulich: Unsere Tochter hatte gerade ein Buch zu Ende gelesen, was sie sehr beschäftigte. Es ging um das Thema *Abtreibung*. Sie fragte mich nach meiner Meinung. Ich erzählte Rebekka, dass ich bei Maximilians Schwangerschaft wirklich froh war, dass ich neun Monate Zeit hatte, mich an den Gedanken eines vierten Kindes zu gewöhnen und keineswegs glücklich darüber war. Denn eigentlich stand beruflich der nächste Karriereschritt vor der Tür. Stattdessen lag ich damals erst mal wochenlang mit Übelkeit im Bett.

»Warum hast du denn nicht abgetrieben?«, fragte sie mich. »Na ja, Maxi kann ja nichts dafür, dass er gerade nicht in mein Leben passt. Gott hatte sich bestimmt was dabei gedacht, dass er uns Maxi geschenkt hat. Ich wusste es damals nur noch nicht.«

An viele »Kuriositäten« haben sich unsere Kinder in den letzten Jahren einfach gewöhnt: Hauskreis – warum nicht; Lobpreislieder hören und auch mal singen – geschenkt; Menschen, die mit ihren Problemen kommen und gehen – ist in Ordnung, wenn sie nicht gerade kommen, wenn ich mit Mama sprechen will.

Aber warum Mama eine »Stille Zeit« braucht und möchte, das will einfach nicht in den Kinderkopf hinein. Eine Zeit, in der sie nicht mit ihren Problemen kommen können, in der Mama es auch gern ganz ruhig haben möchte im Haus und keiner an die Zimmertür klopft.

So dachte ich mir, es ist vielleicht für alle entspannter, wenn ich meine »Stille Zeit« morgens um 6.00 Uhr beginne, wenn alle noch schlafen. Bei Kerzenschein und kleinem Frühstück lese ich die Losungen, schreibe ein paar Gedanken in mein Gebetstagebuch und genieße die Stille. Meist bin ich dann auch noch nicht fertig, wenn sich um 6.30 Uhr meine Tochter schweigend ne-

ben mich setzt. Manchmal guckt sie rüber ins Losungsbuch und manchmal lese ich ihr auch einen schönen Vers vor, obwohl ich ja weiß, dass das nicht »ihre Welt« ist.

Ja, in meinem Leben hat sich wirklich vieles verändert, seit ich vor 24 Jahren in der Osternacht getauft wurde. Damals fragte mich meine Mutter: »Janina, warum bist du eigentlich so religiös?«

Als ich dann schließlich noch einen Pfarrer geheiratet habe, befanden sie, dass ich nun vollständig verrückt sei.

Ich gebe auch gern zu, dass ich den Kindern mehr als einmal von diesem einschneidenden Ereignis in meinem Leben erzählt habe. Ich wusste ja nur zu gut, wie sich ein Leben ohne Gott anfühlt, wie hilflos, perspektivlos und einsam ich mich damals fühlte. Das wollte ich ihnen gern ersparen.

Aber wie heißt es so schön in einem Bibelvers: »Der Prophet gilt nichts im eigenen Lande.« Aber glücklicherweise gibt es ja auch den einen oder anderen zugereisten Propheten. So wurden früher meine christlichen Freundinnen von meinen Eltern ausgefragt und konnten ihnen dabei dies und das, was einen gläubigen Menschen bewegt, auch ein bisschen verständlich machen – immerhin ließ sich meine Mutter später sogar taufen.

Und heute kann unsere Tochter ihre Anfragen in der Teeniegruppe stellen. Sicher ist es nicht immer leicht, hinnehmen zu müssen, dass man bei den älter werdenden Kindern nicht immer erster Ansprechpartner für die entscheidenden Fragen des Lebens ist. Tröstlich ist aber, dass der Arm der Gemeinde Jesu auch dahin reicht, wo die elterliche Einflusssphäre ihre Grenze findet. Oder ist das jetzt zu »religiös« gedacht?

Maxi, hast du auch DANKE gesagt?

Ich bin ja so stolz auf meinen Zweijährigen. Samstag hat die Tante ihm etwas Süßes geschenkt und er hat von ganz allein »Danke schön!« gesagt. Man konnte richtig sehen, wie meine Tante dieses kleine Wort glücklich machte und Mama natürlich auch. Habe ich doch wochenlang mit ihm geübt. Immer wenn ich ihm etwas in die Hand gab, was er »dringend« haben wollte, habe ich ihn gefragt: »Wie sagt man?« Und während er am Anfang nur: »Maxi, haben« antwortete und ich ihn tausendmal verbesserte, sind wir doch nun erst mal alle froh, dass der Kleine weiß, wie man sich bedankt.

Allerdings wird Maxi ja auch älter und dann kommt man sich als Mama auch komisch vor, wenn man den Teenager ständig erinnert: »Hast du dich bei Tante Bärbel auch schon bedankt?« oder »Sei doch bitte mal ein bisschen dankbarer dafür!«. Und man kommt sich nicht nur komisch vor, man merkt auch: Der Appell bewirkt ja gar nichts.

Leider ist es mir auch schon mehr als einmal passiert, dass meine Eltern auf die Enkelkinder aufgepasst haben oder Besorgungen für mich erledigt haben, ohne dass ich mich dafür bedankt habe. In all dem Alltagsstress habe ich wirklich gedacht: Ich habe gar keine Zeit, mich bei allen zu bedanken. Also habe ich angefangen, vieles als selbstverständlich anzusehen. Und darum wunderte es mich auch gar nicht, dass für unsere Großen alles selbstverständlich zu sein scheint:

- *Selbstverständlich steht Mama morgens vor uns auf und macht das Frühstück.*
- *Selbstverständlich haben die Großeltern Zeit für die Enkelkinder.*
- *Und selbstverständlich kümmert sich mein Mann um alle Reparaturen am Auto und im Haus.*

Mit dieser Lebenseinstellung haben sich nicht nur unsere Kinder, sondern auch ich mich selbst in eine Sackgasse manövriert, die ich nur durch einen Anstoß von außen wieder verlassen konnte.

Vor ein paar Jahren lernte ich nach dem Gottesdienst »zufällig« eine junge Unternehmerin kennen, die Telefoncoachings anbietet. »7 Schritte zum Erfolg« hieß ihr Konzept, damit sollte man lernen, wie man erfolgreicher/zielorientierter telefonieren kann. Irgendwie hat es sich ergeben, dass ich bei der Arbeit für eine gemeinnützige Organisation gerade Unterstützung brauchte, und sie wurde meine neue Assistentin. Ein wesentlicher Aspekt in ihrer Schulung war am Anfang die einzuübende Dankbarkeit für mein Gegenüber am Telefon. Und das war wirklich harte Arbeit für sie, denn nach meinem kurzen Satz »Danke für Ihre Spende!« kam meist als nächster Gedanke: »Wir hätten da noch ein neues Spendenprojekt für Sie …« – »Moment mal, du hast ja gar nicht gefragt, warum derjenige gespendet hat und was ihm dabei zu bewirken wichtig war?« Es ging nur um mich, ich wollte etwas und das hat mein Gegenüber gemerkt. Und so ist das leider auch oft zu Hause: Ich möchte etwas von den Kindern oder meinem Mann, ohne dass ich die kleinen Dinge noch würdigen konnte, wo sie mir geholfen haben.

So erhielt ich nun im Coaching durch meine Assistentin das

Buch »The Magic« von Rhonda Byrne zum Durcharbeiten, um Dankbarkeit einzuüben, bevor wir die nächsten Schritte angehen konnten. Da wir beide Christen waren, gab sie mir noch den liebevollen Hinweis: »Du musst dir das Esoterische in dem Buch wegdenken.« Und das tat ich dann auch. Byrne beschreibt in dem Buch die Haltung der Dankbarkeit als Schlüssel zu einem erfolgreichen und glücklichen Leben. »Was auch immer Sie sein, tun oder haben wollen …« Geld, Erfolg, Macht, Karriere, glückliche Beziehung, alles ist möglich und scheint der Autorin gleichermaßen erstrebenswert. Die Frage nach angemessenen Lebenszielen wird letztlich offengelassen.

Ich begann nun »Dankbarkeit« einzuüben, indem ich jeden Morgen zehn Dinge in einem »Dankbarkeitstagebuch« notierte, für die ich gerade wirklich dankbar war. Falls einem am Anfang nicht gleich etwas einfiel, sollte man mit alltäglichen Selbstverständlichkeiten anfangen, um sein Bewusstsein zu trainieren:

1. Danke, dass wir eine funktionierende Heizung haben und dass es deswegen warm ist.
2. Danke, dass heute alle Kinder gesund sind.
3. Danke, dass es einen Arzt in der Nähe gibt, falls ein Kind mal krank wird.
4. Danke für das Amt, welches so schnell den Antrag bearbeitet hat usw., usw.

Plötzlich fielen mir wirklich viele Dinge ein. Nach ein paar Wochen habe ich gestaunt, dass es immer noch neue Dinge gibt, für die ich dankbar sein konnte. Das Gleiche dann am Abend vor dem Schlafengehen. Nicht noch die letzten Mails bearbeiten oder Nachrichten schauen, sondern sich drei Dinge bewusst machen, für die ich heute dankbar gewesen bin. Inzwischen frage ich abends auch mal die Kinder vor dem Einschlafen, wofür sie heute dankbar gewesen sind, da fällt dann selbst dem motzigsten Teenie – spätestens nach ein paar Minuten – etwas ein.

Des Weiteren gab es ein Kapitel, in dem es um die zu empfindende Dankbarkeit für erhaltenes Geld ging. Bis heute schreibe ich auf jede bezahlte Rechnung, die Notiz »Danke-bezahlt!« und mache mir damit bewusst, dass es eigentlich nicht selbstverständlich ist, diese Rechnung bezahlen zu können.

Am spannendsten fand ich das Kapitel »Der Magische Weg aus der Negativität« (»magische« bitte wegdenken …!). Es spricht den Punkt an, dass Menschen, die alles als selbstverständlich ansehen, dazu neigen, sich nur noch zu beschweren. Die negativen Gedanken und Worte überwiegen. Und wer erst mal angefangen hat, sich zu beschweren, dem fallen viele Dinge ein, über die man sich noch aufregen könnte. Wer dankt, kann allerdings nicht gleichzeitig nörgeln, wer dankt, kann nicht herumkritisieren.

Ich erinnerte mich sofort an den Streit mit einem Gemeindeleitungsmitglied. Ganze Nächte habe ich »durchgehasst« und mir überlegt, wie ich »zurückschlagen« könnte. Aber natürlich macht man das als Christ ja nicht. Also habe ich nun zehn Dinge hart erarbeitet, wofür ich diesem Herrn dankbar sein konnte. Und tatsächlich, nach langem Überlegen fielen mir ein paar Dinge ein: Ich war ihm dankbar, dass er sich am Anfang so für uns eingesetzt hat. Dass er unseren Kindern einen Platz an der begehrten Grundschule der Gemeinde besorgt hat. Dass er offensichtlich ein liebevoller Vater ist und sich leidenschaftlich für die Belange der Gemeinde einsetzt usw. Nachdem ich das geschafft hatte, konnte ich ihm ganz anders begegnen. Der Knoten war geplatzt und Vergebung möglich. *Als Christin weiß ich aber auch darum, dass ich manchmal auch negative Gedanken und Gefühle annehmen und aushalten muss. Ich weiß, zu wem ich gehen kann.*

Mir erschien das Buch wie ein Update der klassischen Tugendlehre und es hat mich inspiriert, die traditionellen Einsichten der Frömmigkeit konkret und greifbar in den Alltag zu integrieren. Natürlich gibt es auch in der christlichen Tradition Übungen zur Dankbarkeit. In Luthers Vorschlag eines ritualisierten Morgen- und Abendsegens spielt die Dankbarkeit als Grundhaltung christlicher Frömmigkeit eine große Rolle. Und wo ich früher jeden Morgen zehn Dinge in mein Dankbarkeitstagebuch schrieb, findet der Dank nun seinen Platz im Gebetstagebuch. Und im Unterschied zu den Esoterikern hat mein Dank einen Adressaten, nämlich Gott. Denn einfach nur Danke sagen, ohne zu wissen, wem, erscheint mir wie die Freude am Krankenbett über einen gebrachten Blumenstrauß, ohne den Geber des Straußes auch nur eines Blickes zu würdigen. Überhaupt ist es nicht selbstverständlich, dankbar sein zu können. Man muss irgendwie einwilligen können, dass man ein Beschenkter ist. Deshalb: Danke

An der Tankstelle kaufen nur Idioten

Herr, dass ich nun danken kann.

An einem Herbstabend vor einem Jahr wurde unser zwölfjähriger Sohn von zwei verdächtig schmunzelnden Polizeibeamten mitsamt seinem Fahrrad nach Hause gebracht. Er war von ihnen ohne Fahrradbeleuchtung erwischt worden. Erheitert hatte sie offensichtlich Clemens' offenherzige Auskunft auf die polizeiliche Anfrage, was denn seine Eltern beruflich machen:

»Mein Papa ist Pfarrer.«

»Und was macht die Mama?«

»Die gibt Papas Geld aus«, lautete die unverblümte Antwort. Kindermund tut … Na ja, wie dem auch sei. Die Polizisten wiesen mich freundlich an, meines Amtes zu walten und ein neues Fahrradlicht zu kaufen.

Der Schmunzeleffekt verbreitete sich dann auch im weiteren Verwandtschaftskreis. Denn Clemens erzählte die Geschichte gern weiter. Er schien mit sich im Reinen. In dem Moment war es natürlich für alle lustig, aber als ich neulich in der Frankfurter Allgemeinen Sonntagszeitung den Artikel las »Hilfe, meine Frau wirft das Geld raus! – Wer wird denn gleich an Scheidung denken?«, ist mir mal wieder deutlich geworden, dass der Umgang mit dem Geld in der Ehe schon sehr explosiv sein kann.

Das allererste Mal wurde ich auf dieses heikle Thema gleich bei meiner Hochzeit angesprochen: Ein älterer Herr aus der Gemeinde kam auf mich zu, um mir zu gratulieren. So ganz nebenbei fragte er, ob ich denn auch gut mit Geld umgehen könnte. Denn es sei sehr wichtig in der Ehe, dass die Frau das Geld zusammenhielt. Damals dachte ich: Das krieg' ich schon irgendwie hin, ich studiere ja schließlich Volkswirtschaft und kann auch Bücher darüber lesen. Doch grau ist alle Theorie und ich habe wirklich unterschätzt, wie schwer es ist, Gewohnheiten zu ändern, zumal wenn durch unterschiedliche Prägung Welten aufeinanderprallen: wenn nämlich einer aus einer sparsamen Familie kommt und der andere eben nicht.

Die Familie meines Mannes z. B. nahm gern mal ein, zwei Kilometer Umweg in Kauf, um beim Tanken ein paar Cent zu sparen. Meine Mutter hat dagegen nicht nur bei der erstbesten Tankstelle getankt, nein, sie hat diese auch gleich gründlich leer gekauft: Für uns Kinder etwas Leckeres musste schon drin sein. Ein Eis, ein Brötchen oder eine Zeitschrift, das war herrlich! Mir wurde erst später klar, dass dieses »Verwöhnen« durch meine Mama, d. h. der kurze Moment zwischen Wunschäußerung und Bedürfnisbefriedigung es mir selber als Mutter schwer machte, mit den Wünschen der eigenen Kinder gut umzugehen.

Bei einem Familienfest erzählten die Kids dann mit gutem Sinn für eine spannungsvolle Eskalation, nicht ganz ohne Hintergedanken, dass ihre Mama von der Tankstelle oft nicht nur eine Tankfüllung mitbringt, sondern gern etwas Süßes für alle holt. Prompt wurden sie dann von den Onkeln meines Mannes aufgeklärt: An der Tankstelle kaufen doch nur Idioten, da dort auf alle Lebensmittel doppelt und dreifach aufgeschlagen wird.

Auch über die Ausgabenhöhe einer Familienfeier gab und gibt es in unseren Familien sehr unterschiedliche Ansichten. Während meine Eltern gern auch mal ein teures Restaurant wählten und es dort krachen ließen, als ob es kein Morgen gibt – und dann ab dem überraschenden Morgen erheblich sparen mussten, erinnern wir uns heute noch mit Tränen an legendäre Geburtstagsfeiern bei meinem Schwiegervater (Gott hab ihn selig!), die – sagen wir – »ressourcenschonend« abliefen: Das Wohnzimmer war voll mit Gästen, auf dem Tisch stand eine kleine Schüssel Studentenfutter und ein paar Karottensticks. Dazu gab es eine Kanne Tee. Als nach drei Stunden – es ging Richtung Abendbrotzeit – wirklich auch die letzte Nuss im Mund eines Gastes verschwand und Schwiegervater den Teebeutel für den zweiten Aufguss präparierte, breitete sich eine gewisse gespannte Unruhe aus. Bis ein Gast es nicht mehr aushielt und für alle Pizza bestellte.

Natürlich sind solche häuslichen Prägungen nicht spurlos an meinem Mann und mir vorübergegangen. Während er gelernt hat, geduldig und lange auf etwas zu warten, habe ich gelernt, großzügig einzuladen und zeitnah auszugeben. An der schleppenden Konjunktur in unserem Land war ich jedenfalls nie schuld.

Ich sah etwas und »musste« es haben, sei es für die Kinder, für das Haus oder mich. Und wenn ich einen Bettler sah, habe ich gelernt, lieber einem Betrüger zu viel zu geben, als jemandem, der es wirklich brauchte, die Hilfe zu verweigern. In jedes Kollektenkörbchen warf ich nicht nur Klimpergeld rein. Jede Werbestrategie, die ich im Studium kritisch zu hinterfragen lernte, funktionierte bei mir wie ein Pawlowscher Reflex. (Zeig dem Hund einen Knochen und er fängt schon an zu sabbern.) Sehr zum Leidwesen meines Mannes, denn unsere Ausgaben waren nach der Hochzeit deutlich höher als unsere Einnahmen und seine Ersparnisse waren bald Geschichte.

Als er eines Abends von der Gemeinde zurückkam und sah, dass wirklich in fast jedem Zimmer Licht brannte, weil ich es gern »gemütlich« haben wollte, nahm er mich beiseite und sagte: »Unsere Ausgaben sind seit Jahren kontinuierlich höher als unsere Einnahmen. Wenn das so weitergeht, können wir unsere Kinder später nicht bei der Ausbildung unterstützen. Hast du daran schon mal gedacht???«

Nein, das hatte ich leider nicht und ich hatte es auch immer mit dem Satz begründet: »Sorget euch nicht um den morgigen Tag, denn der morgige Tag wird für sich selber sorgen. Jeder Tag hat genug an seiner eigenen Last.« Und die Stromlast in unserem Haus war enorm.

Von ihm durfte ich nun lernen, wie man ein Haushaltsbuch führt, warum man Quittungen aufheben sollte, dass Second-Hand-Kaufen keine Schande ist, Kredit nehmen schon und warum es besser ist, eine Nacht über einen Wunsch zu schlafen, als sofort den Laden zu stürmen. Er hat mich zu der genialen Idee ermutigt, selbst ein realistisches, monatliches Budget für Kleidung aufzustellen. Um dieses einzuhalten, habe ich viel gebetet!!!

So konnte ich nun viel entspannter alle paar Wochen einen Stopp bei meiner Lieblingsboutique einlegen. Und wenn die versierte Verkäuferin beim Bezahlen wieder fragte, ob ich einen Teil

Mit unseren Kindern Rebekka, Clemens, Maxi und Laurenz in Schweden (Foto: Mathias Kürschner)

Als Entwicklungshelferin bei einer Mikrofinanzorganisation (Foto: Oliver Krato)

Mama gibt Papas Geld aus, aber nicht mehr so oft an der Tankstelle. (Foto: Mathias Kürschner)

»Kontaktwunder« Clemens serviert im Salon. (Foto: Janina Kürschner)

Die Mama teilt Maxi nicht so gern. (Foto: Mathias Kürschner)

Mit dem Pfarrer meines Vertrauens seit 2001: Mathias Kürschner (Foto: Nina Tschirner)

Die Jungs entspannen sich mit Mama. (Foto: Mathias Kürschner)

»Oh Mama, nicht schon wieder lesen!« (Foto: Mathias Kürschner)

Maxi erkundet die Natur. (Foto: Mathias Kürschner)

»Ich will neben Mama stehen.« (Foto: Mathias Kürschner)

Herzlich willkommen im Pfarrhaus! (Foto: Mathias Kürschner)

Laurenz fachsimpelt mit dem Theologieprofessor Thorsten Dietz. (Foto: Mathias Kürschner)

Die Entdeckung der Langsamkeit beim Morgenspaziergang mit Maxi (Foto: Mathias Kürschner)

Wenn wir es nicht gerade vermieten, dann ist das unser persönliches Bullerbü. (Foto: Mathias Kürschner)
www.schweden.mathiaskürschner.de

in bar bezahlen möchte und den Rest mit EC-Karte (»Damit Ihr Mann nicht sieht, wie teuer die Sachen wirklich sind!«), konnte ich nun antworten: »Alles bitte mit Karte. Ich brauche vor meinem Mann nichts (mehr) zu verheimlichen.«

Es gibt ja nun Pädagogen, die behaupten, man solle aufhören, seine Kinder zu erziehen, denn sie machen einem eh alles nach. Man mag ja von der Theorie halten, was man will, wir haben jedenfalls in unserer Familie beobachtet, dass zwei Kinder eher nach Mama kommen und leider momentan nur einer nach Papa. Am deutlichsten sieht man das am Anfang des Monats, wenn es Taschengeld gibt. Unser Clemens (13) »muss« dann sofort in die Stadt fahren und sich inspirieren lassen, nicht selten kommt er dann ohne einen Cent zurückgelaufen, weil das Geld nicht mal mehr für das Busticket reichte. Da ich ja am besten nachvollziehen kann, was in ihm vorgeht, wenn der Kaufrausch einsetzt, rate ich ihm jedes Mal: »Geh nicht, Mama geht auch nur noch ganz selten in die Stadt, weil da die Anfechtung zu groß ist.« Inzwischen können wir es sogar ein paar Tage hinauszögern. Laurenz (11) bittet mich dagegen jedes Mal, das Geld gleich auf sein Sparbuch einzuzahlen. Schließlich werde er später ein erfolgreicher Geschäftsmann und Multimilliardär. Da müsse er ja jetzt anfangen mit dem Sparen. Manchmal gibt er seinem großen Bruder auch einen Kredit. Natürlich mit Zinsen, die sich gewaschen haben. Man will ja nicht ewig warten bis zur ersten Milliarde.

Alles in allem haben wir nun einen soliden Weg gefunden, um in der Familie weiter an dem Thema zu arbeiten. Das Gespräch untereinander über bestehende Wünsche und die Konfrontation mit den beschränkten Realitäten eines Pfarrergehaltes sind dabei eine wichtige Grundlage. Denn eins ist auch den Kleinen klar: Mehr ausgeben als man einnimmt, geht nun mal nicht – und sei der Wunsch auch noch so inniglich. Und dann ist da ja auch noch eine Komponente, die ich mir als Christin nicht oft genug zusprechen lassen kann: Nicht wenige Wünsche zielen auf ein

Vakuum in unserem Herzen ab, das durch die Erfüllung dieser Wünsche aber niemals gefüllt wird. Das neue Paar Schuhe taugt ebenso wenig zum Glück wie der neue italienische Sportwagen oder das hippe Handy (Sie werden die Wünsche vermutlich den genannten Personen zuordnen können). Unser Herz ist durch *Lebensmittel* nicht zu beruhigen. Es zielt auf die *Lebensmitte*, auf unseren Schöpfer, mit dem es Verbindung sucht, um dann auch auf den Mitmenschen mit seinen Wünschen ganz neu zugehen zu können. Geld und die Konsumwelt verlieren dann ihren Zauber, weil andere Dinge wichtig werden.

Und so müssen wir inzwischen alle schmunzeln, wenn ich an der Tankstelle halte. Clemens fragt obligatorisch: »Kannst du mir was mitbringen, Mama, b-i-t-t-e?« Alle anderen antworten: »Oh Clemens, du weißt doch, an der Tankstelle kaufen nur Idioten.« – Über das Eis freuen sich dann trotzdem alle.

Wenn es dunkel wird um den dementen Onkel

Es ist ein Bild für die Götter, als die Onkel letztes Jahr zum Weihnachtsfest anrückten. Im Stechschritt kommen sie die neuschneebedeckte Straße herauf, leicht keuchend: Der ältere vorneweg. In der einen Hand die Plastiktüte mit den Geschenken. In der anderen die Spitze eines Blindenstocks, an dem er seinen sehbehinderten jüngeren Bruder hinter sich herzieht. Wenn er schon nichts sieht, sieht er dafür aber nach umso mehr aus: Er trägt Armeeuniform, dazu eine orange Krawatte aus den 70ern. Eine gewagte Kombi. In Berlin fällt das allerdings nicht weiter auf.

Die Familie nimmt das Brüderpaar freudig in Empfang. Gerade die Kleineren wissen: Wenn die Onkel kommen, ist immer was los. Autos für die Jungs, unsagbare Schmuckideen für die Damen, persönliche Ansprache inklusive. Solche Realperformance scheint zeitaufwendig, die Einladung zum Abendessen wurde um knapp die Stunden verpasst. Die passende Weihnachtsuniform will sorgsam ausgewählt sein, die Geschenke verstecken sich mitunter heimtückisch in der Wohnung und der öffentliche Nahverkehr ist auch nicht mehr das, was er mal war … Egal, jetzt sind sie jedenfalls da.

An eigentümliche Anreisegeschichten haben wir uns gewöhnt. Wie damals, nach jener Beerdigung in NRW, als man erst nach

14 Stunden wieder in Berlin ankam. »War ein bisschen anstrengend diesmal.« Nach 50 Kilometern war plötzlich der Tank auf der Autobahn leer. »Da hab ich Motortemperatur- und Tankanzeige verwechselt.« Ah so. In den frühen Morgenstunden kam man dann anscheinend an der Berliner Stadtgrenze an, die letzten 20 Kilometer dauerten »wegen schlechter Beschilderung« doch noch mal nahezu drei Stunden. Das gab das Polizeiprotokoll her. Schließlich war da noch der »leichte Auffahrunfall« gegen 5.30 Uhr. »Muss ich kurz eingeschlafen sein«, so der lapidare Kommentar. Ich sah den Wagen später bei der Werkstatt. Totalschaden. Airbag aufgegangen. Mein Onkel hat anscheinend einen guten Schlaf. Und praktischen Sinn dazu: »Schneiden Sie mir doch bitte den Airbag raus«, sagt er zum Mechaniker. »Da kann man robuste Einkaufsbeutel draus machen.«

Die waren nun auch im weihnachtlichen Einsatz beim großfamiliären Abendessen. Da ging es nun stark auf Mitternacht zu. Die Betonung liegt auf Heilige NACHT. Kein Problem für den älteren der beiden Brüder, die seit Kinderzeiten zusammen in einer WG leben. Er ist Nachtmensch. Den darf man problemlos gegen 3 Uhr nachts anrufen. Aber bitte nicht vor 12 Uhr mittags am Folgetag. Allerdings ist der jüngere gar kein Nachtmensch, aber anpassungsfähig. Da wird dann einfach im Sitzen schon mal ein Schläfchen gemacht oder in halbstündigem Rhythmus zum Gehen gemahnt. Jahrzehntelang haben die beiden mit völlig verschobenem Lebensrhythmus gut miteinander gelebt. Beide bewohnten die gemeinsame Wohnung jeweils als Single für sich allein. Überschneidungen durch gemeinsame Wachzeiten hielten sich in Grenzen. Eigentlich praktisch. Mit zunehmender

Gebrechlichkeit des jüngeren Bruders entwickelte sich das aber zur tickenden Zeitbombe: Wenn der nämlich um 6.00 Uhr zum Early-Bird-Frühstück aufstand, ging das irgendwann nicht mehr allein und er begann nach Unterstützung zu rufen. Der Bruder war aber gerade erst ins Bett gegangen und forderte seinen Nachtschlaf ein. Nun wurde der Frühaufsteher zum Kämpfer und rief laut um Hilfe. Der schlafende Bruder hörte das irgendwann nicht mehr, dafür aber die Nachbarn. Und die riefen die Polizei. Dem hilfsbedürftigen und inzwischen auch partiell verwirrten Bruder war das recht. Schließlich sei er in diesem Haus eingesperrt und brauche Hilfe. Der große Bruder sah es anders: »Klar muss ich die Tür abschließen. Sonst rennt der raus und macht alle Nachbarn irre.« Logisch, oder? »Nein, Freiheitsberaubung«, so die Auskunft der Beamten.

Man glaubt es kaum, wenn man es nicht selbst erlebt: Ich rufe bei den Onkeln an. Der ältere nimmt wie gewohnt ab und fragt mit Seelenruhe das Befinden jedes einzelnen Familienmitglieds ab. Im Hintergrund hört man den Bruder aufgeregt rufen: Janina, ihr müsst unbedingt sofort kommen. Es ist ein Chaos hier. Mein Bruder ist überfordert. Ich hab kein Essen mehr. Bitte, helft mir!« Währenddessen klingelt es mehrfach an der Haustür: »Aufmachen, Polizei, bitte aufmachen!« Inzwischen übernimmt wieder der ältere das Gespräch, öffnet währenddessen der Polizei die Tür und erklärt uns sozusagen zeitgleich, dass sein Bruder wieder die Polizei angerufen habe, weil er denkt, dass er eingesperrt sei. »Aber sonst,« fügte er hinzu, »ist alles in Ordnung bei uns. Du brauchst dir keine Sorgen zu machen.«

Klar ist alles in Ordnung, denken wir uns. Wie beim Weihnachtsessen nach Mitternacht. Sie sitzen da. Der jüngere schläft. Der ältere nimmt wach am Leben teil, interessiert sich fürs Leben. War neulich erst bei einer frauenpolitischen Veranstaltung in der evangelischen Kirche dabei. Man muss ja alles mal kennenlernen. Gern auch erst mit achtzig. Da waren sehr viele Frauen, erzählt er. Und sie haben über die Rolle der Frau diskutiert. Und da sei er aufgestanden und habe mit erwartungsvollem Spannungsbogen und gehobenem Zeigefinger gefragt: »Was IST die Rolle der Frau?« – Als alle ihn spannungsvoll und vermutlich auch ein wenig irritiert anschauten, gab er die Antwort: »Das Nudelholz.« Seinen Schilderungen zufolge war die humoristische Schwingungsfähigkeit der Teilnehmer dieser Veranstaltung begrenzt. Aber mein Onkel war sehr fröhlich.

Für die Fröhlichkeit des jüngeren Bruders wollten wir dann doch mal nach dem Rechten sehen – und fuhren zu ihnen nach Hause. Weil uns manches schwante, diskutierten wir schon unterwegs über verschiedene Optionen: ambulante Pflege, vollstationäres Pflegeheim, Mehrgenerationenwohnen usw. Als wir ankamen, bemerkten wir sofort die Blessuren im Gesicht des jüngeren: Auf der Suche nach Hilfe war er die Treppe heruntergefallen und blutüberströmt auf die Straße gelaufen, um nach einem Arzt zu rufen. Sein Bruder war zu der Zeit nur kurz für ihn einkaufen gegangen, denn einen gesunden Appetit hatte er trotz aller Gebrechlichkeit.

Nun war klar: Es musste etwas passieren. Ambulante Pflege wollte der ältere nicht, weil er dann (in seinem) »nachts« – also vormittags nach mitteleuropäischer Zeit – Leute in seinem Haus herumlaufen hätte. So wurde es ein Pflegeheim. Da hatten wir allerdings die Rechnung ohne den Onkel gemacht: Der sah gar nicht ein, warum er jetzt sein Zuhause verlassen sollte. Eigentlich bräuchte er doch nur jemanden, der ihm ab und zu Essen einkauft und die Wäsche wäscht. Ansonsten schaffe er alles noch gut allein, so seine eigene Wahrnehmung. Einen Moment später konnte er dann aber auch völlig desorientiert fragen, wo er denn gerade sei, und um Hilfe im Bad bitten. Als er dann schließlich einwilligte und ich den Onkel nun im Heim besuchte, brauchte ich gar nicht zu fragen, wie es ihm ginge, denn sobald er meine Stimme hörte, ging es los: Das Essen schmeckt nicht und er wolle wieder nach Hause. Stundenlang habe er um Hilfe gerufen und keiner sei gekommen. Und überhaupt: Er fühle sich so alleingelassen von der Familie. Die Pflegeschwester wiederum berichtete, dass er wohl im Minutenrhythmus den Notrufknopf drücke, weil er nicht weiß, wo er ist, und auch vergessen hat, dass gerade einer da war, der ihm Essen gebracht hat usw. Und um die Reaktionen auf das Knopfdrücken zu verbessern, habe er dann durchaus schon Mobiliar aus dem Fenster geworfen.

Mit diesen Informationen bestückt, ging ich beklommen zurück ins Zimmer meines Onkels, der inzwischen bereits wieder um Hilfe rief, denn ich war ja schon zwei Minuten nicht im Zimmer – aus seiner Sicht eine halbe Ewigkeit. Ich setzte mich an sein Bett, nahm seine Hand und sagte ihm, ich hätte das Gesangbuch mitgebracht und würde ihm jetzt etwas vorsingen wollen. »Dann mal los«, sagte er. Als ich anfing, »Ein feste Burg ist unser Gott« zu singen, kamen ihm die Tränen und er erinnerte sich wohl an seine Kindheit. Ab der zweiten Strophe begann er sogar mitzusingen. Da ich vergessen hatte, die Tür zu schließen, hörte ich, wie im Nachbarzimmer zur dritten Strophe der Fernseher ausgeschaltet wurde und langsam die Tür aufging. Nun hatten wir Publikum. Wir schlossen mit einem Psalm und sprachen ein Segensgebet. Dabei zeichnete ich das Kreuz auf seine Stirn. In dem Moment war es so, als ob alle Sorgen von ihm abfielen.

Weil wir nicht jeden Tag kommen können, haben wir inzwischen einen jungen russlanddeutschen Sozialhelfer angestellt, der regelmäßig mit ihm spazieren geht und aus der Bibel vorliest. Das liegt dem Onkel sehr am Herzen. Und darauf ist er auch nach wie vor ansprechbar, während andere Erinnerungen im Meer des Vergessens verschwinden. Sogar zum Gedächtnistraining eignet sich die Bibel: Die Wunder Jesu werden regelmäßig wiederholend erzählt. Und auch der Sozialhelfer wundert sich: Wie gut es dem Onkel tut. Und vielleicht auch irgendwann ihm selbst …

Bald ist Weihnachten. Wir freuen uns schon auf den Besuch

der Onkel. Der ältere wird wieder von vergnüglichen Erlebnissen aus dem gesellschaftlichen Leben berichten. Und der jüngere wird mich vielleicht beiseite nehmen wie neulich im Heim, als er fragte, ob sein Bruder nicht doch ein bisschen zu alt sei für mich (als Mittvierzigerin). Er sieht sie jetzt alle als Teil der Familie: die Oberschwester als Mutter, den bibellesenden Sozialhelfer als Bruder und mich anscheinend als Frau seines älteren Bruders. Er scheint angekommen zu sein in seiner neuen Bleibe!

Zeit für Gott, Familie und mich

Letzten Samstag, es war gegen 11 Uhr. Ich hatte alles bereits perfekt geplant: Essen, Pflichten, Schönes. Die Sonne schien und unser Dreijähriger spielte lieb neben mir, während die anderen fünf Familienmitglieder sich in ihre Zimmer zurückgezogen hatten. Da dachte ich mir: »Hole ich doch kurz mal meinen Laptop raus und beantworte ein paar E-Mails!«

Gefühlte zwei Minuten saß ich nun dort und schrieb meine Nachrichten. Das nutzte Klein Maximilian, um auf Entdeckungstour zu gehen. Und weil es so wunderbar ruhig war, ließ ich den Kleinen entdecken und dachte mir, es wird ja nicht gleich was ganz Schlimmes passieren.

Fehlanzeige, da kam er auch schon zu mir zurück und erklärte freudestrahlend: »Maxi alle Flaschen ausgekippt, jetzt.« Damit wurde meine Ruhe jäh unterbrochen und ich konnte nur noch panisch fragen: »Wo?« – »In Papas Zimmer«, antwortete das helle Stimmchen zufrieden, fern davon zu verstehen, warum Mama plötzlich so komisch wurde. Dort angekommen zeigte er mir stolz, wo er fünf Flaschen des besten Whiskys auf den Teppich ausgeleert hatte, der jetzt einem Sumpf glich.

Es gibt Situationen im Leben, die kann man nicht vorhersehen und die bringen auch jegliche Planung durcheinander. Trotzdem bin ich froh, dass es in meinem Leben einen Moment gab, wo ich gezwungen war, mir meinen Tagesablauf genauer anzuschauen, weil ich das Gefühl hatte, ich schaffe nix mehr.

Und das war der Zeitpunkt, als ich heiratete und zum ersten Mal Mutter wurde. Während ich vorher ein typisches Studentenleben und Gemeindeleben als Single geführt hatte, war ich nun zu Hause mit einem Säugling und einem Mann, der fast den ganzen Tag für das Examen lernte und immer Hunger hatte. Dazu sollte ich jetzt einen »Haushalt führen« und niemand hatte mich so richtig darauf vorbereitet. Wie sollte ich das alles schaffen, ohne durchzudrehen? All das brachte mich ans Limit. Ich hatte zeitweise nicht mal Kraft zum Beten, denn ich war konstant übermüdet. Man kann sich also vorstellen: Der Wunsch, etwas zu ändern, wuchs stetig.

Als wir dann einmal ein befreundetes junges Pfarrerehepaar in ihrem Haus besuchten, fielen mir gleich zwei Dinge auf: Die Wohnung sah total ordentlich und sie super entspannt aus. Und dazu hatte sie mit zwei Kindern sogar Zeit, in der Gemeinde ihres Mannes mitzuhelfen. »Großartig«, dachte ich damals, »will ich auch.« Also fragte ich sie nach ihrem »Geheimrezept«. Sie gab mir dann das Buch von Bianka Bleier »Besser einfach – einfach besser«. Mithilfe dieses Haushalts-Survival-Buchs hatte sie gelernt, ihren Tagesablauf effizient zu strukturieren. Dieses Buch öffnete mir, nach der Bibel, das zweite Mal in meinem Leben die Augen und gab mir nun nicht nur Tipps, wie ich weniger Zeit für die Hausarbeit aufwende, sondern motivierte mich auch darüber nachzudenken, was ich denn mit der neu gewonnenen Zeit anfangen möchte. Manchmal ist der Leidensdruck eben die Voraussetzung für eine hoffnungsvolle Veränderung.

Doch wo fängt man an? Ich wollte damals natürlich wahnsinnig gern mal eine Nacht durchschlafen, was sich aber mit einem Säugling schwer planen ließ. Und mal wieder in den Gottesdienst gehen und in der Bibel lesen, und zwar zu einem Zeitpunkt am

Tag, wo ich nicht gleich nach drei Zeilen wieder einschlief, wäre ja auch nicht schlecht ... Daneben wollte ich auch gern mal wieder Zeit mit meinem Mann allein verbringen (eine gefühlte Ewigkeit her), mindestens zehn Minuten am Tag ein gutes Buch lesen und vielleicht auch mein Studium beenden. Alles keine exotischen Wünsche also. Aber auch die muss man erst mal auf die Reihe kriegen.

Zu diesem Zweck durfte ich mich daranmachen, meinen Tagesablauf genau unter die Lupe zu nehmen. Stunde um Stunde schrieb ich eine Woche lang auf, was ich jeden Tag zu erledigen hatte, und suchte, wo meine kostbare Zeit versickerte. Das entsprechende Kapitel 2 des Buches klang schon wie ein Abenteuerroman: »Dem Geheimnis der verschwundenen Stunden auf die Spur kommen«.

Dann listete ich alle wiederkehrenden wöchentlichen Aufgaben auf und blockierte mir Zeiten für Gott, Mann, Familie und mich. Da ich mir auf jeden Fall den Sonntag für den Gottesdienst als meine unersetzliche Kraftquelle frei halten wollte, musste ich konsequent alle Aktivitäten auf die 6-Tage-Woche aufteilen.

Und, oh Wunder, es ging! Besonders hilfreich war dabei Bianka Bleiers Tipp für den Wocheneinkauf mit dem 7-Tage-Speiseplan und darauf abgestimmter Einkaufsliste (Kapitel 8). So schaffte ich es in nunmehr zwei Stunden pro Woche, den Einkauf für die stetig wachsende Familie zu erledigen. Tägliche Spaziergänge zum lokalen Markt waren damit erst mal passé. Auch »Großmutters Waschtag« (Kapitel 7) hat sich bei mir bewährt. So schön es auch ist, frisch gewaschene Wäsche von der Sonne trocknen zu lassen, ich habe damals gar nicht bedacht, dass die Sonne nicht immer scheint, wenn ich meine Wäsche von ihr getrocknet haben will. Dank eines Trockners schaffte ich es, gesammelt vier Waschmaschinenladungen zu waschen und zu trocknen, sodass abends alles wieder im Schrank lag.

Durch diese kleinen Umstrukturierungen in der Zeitplanung

hatte ich plötzlich ungeahnte Freiräume, die nicht nur mich, sondern auch meine Familie zufriedener machten. Das hat sich bis heute, 16 Jahre später, bewährt. Zwar wird das Zeitmanagement im Zuge des Größerwerdens einer Familie nicht einfacher. Aber die gute Nachricht ist: Man wächst mit seinen Aufgaben! Bei nunmehr vier Kindern bedeutet das beispielsweise: acht Elternabende, vier Kindergeburtstage, möglicherweise vier Mitgliedschaften bei Fördervereinen in Kita und Schule, vier Sommerfeste und diverse Mitmachaktionen (wie Frühjahrsputz: »Bringen Sie doch einfach nur einen Kuchen mit …«). Beteiligt man sich dann noch aktiv am Gemeindeleben, sind 24 Stunden Lebenszeit pro Tag schon ein wenig knapp bemessen, da unser Schöpfer da in der Regel nicht mit sich handeln lässt. Da heißt es, Prioritäten zu setzen, sonst dreht man schnell am Rad.

Zwar nicht am Rad, aber an der Uhr drehte mein elfjähriger Sohn, der sich den Wecker von 7.00 Uhr auf 6.00 Uhr stellte. Das hat mich nur mittelmäßig erfreut, da ich selbst zuvor genau dasselbe getan hatte, um vor dem morgendlichen Kinderwahnsinn noch ein wenig Zeit für mich zu haben. Warum steht ein Kind freiwillig so früh auf, fragen Sie? Um mit mir mal in Ruhe zu frühstücken und zu reden, so seine Auskunft. Denn nachmittags könne ich ihm nicht so richtig zuhören, weil ich so vielfältig beschäftigt sei. Von dem Zeitpunkt an plante ich mir fest ein, nun stattdessen zu einer fest verabredeten Zeit am Nachmittag für ihn da zu sein – möglichst mit Obstteller und Keksen, so wie er es mag. Seitdem kann ich auch wieder morgens meine »Stille Zeit« machen und er kann eine Stunde länger schlafen. Bingo!

Ja, Kinder fordern. Und ich kenne in der Tat viele Familien, die inzwischen nur noch auf »Überlebensmodus« umgeschaltet haben und mit den ganzen Anfragen, die heute auf eine Familie zukommen, total überfordert sind. Zeitplanung bedeutet auch, Dinge nicht zu tun und absagen zu müssen. Wenn ich mir den Sonntag frei halten möchte, um in den Gottesdienst zu gehen,

dann fahre ich meine Kinder an dem Vormittag auch nicht zu einem Kindergeburtstag und sage auch beim von den Großeltern angesetzten Familienbrunch ab. Für das Frühstück gibt es eben Aufbackbrötchen. Da muss niemand mehr zum Bäcker und alle starten deutlich entspannter in den Tag.

Zeitmanagement bedeutet dann auch Erwartungsmanagement. Jesus ist da mein Vorbild. Wenn der beispielsweise zu einem terminlich offensichtlich vollgepackten Tag in die Stadt fuhr, ließ der sich nicht hetzen, sondern begann erst mal mit Gebet. Der war immer total gefragt. Aber er hat darüber sein Programm, seine »Sendung«, nicht vergessen. »Ich bin gekommen, um ...« bzw. »Ich bin nicht gekommen, zu ...«, das sagt Jesus viele, viele Male im Evangelium. Er war nie Spielball der Erwartungen anderer Menschen. Und doch verstand er es, sich unterbrechen zu lassen, wenn Menschen ihn wirklich brauchten. Mitunter werden dann eben unsere so schön gefassten Pläne von Gott quasi durchkreuzt. Ich wünschte, ich könnte das auch in jedem Moment meines Lebens so deutlich und geistesgegenwärtig formulieren und entscheiden wie er. Das gelingt längst nicht immer. Aber es zeigt eine Richtung an, in die ich möchte. Die Strukturierung des Alltags bleibt ein täglicher Kampf um Freiräume, um die wichtigen Dinge im Leben, d. h. Zeit für mich, für Gott, für die Familie, und den Nächsten in meiner unmittelbaren Umgebung.

Die Versuchung dabei ist nach meiner Erfahrung, das Gebet wegzulassen, wenn es zeitlich eng wird. Gebet erscheint uns dann gerne als Effizienzkiller. Man sitzt halt nur so rum ... Aber das stimmt nicht. Das Gebet ordnet den ganzen Menschen. Es justiert ihn neu für den Tag. Es ist eine Sehhilfe für das Wesentliche. Schon Luther wusste das. »Heute muss ich viel arbeiten«, sagte der. »Da muss ich noch mehr beten ...« Natürlich bete ich nicht, um effektiver zu sein, sondern weil ich spüre, dass es zu meiner Bestimmung als Geschöpf gehört, mit meinem Schöpfer verbunden zu sein. Oder anders ausgedrückt: dass es immer wieder auch

Zeit ist, nach Hause zu kommen und selber Kind in einer größeren Ordnung sein zu dürfen, die ein Größerer schafft und an der ich selbst wachsen darf.

Christliche Männer-WG sucht Mitbewohner

»Ich dachte, es wäre ein Scherz«, entgegnet der Schauspielstudent überrascht, der sich für ein WG-Zimmer in unserem Haus interessiert und offenbar den Annoncentext für einen Kalauer gehalten hat.

»Nein, kein Scherz,« antwortete ich, worauf der Student schnippisch fragt: »Was macht ihr denn so den ganzen Tag zusammen? Beten?«

»Ja klar«, ergänzt mein Mann: »Auf den Knien!« Ungläubige Augen starren uns an. »Nein, Spaß beiseite. Wir wollen hier einfach bewusst als Christen unter einem Dach zusammenleben. Wir als Vermieter mit unseren vier Kindern in den oberen Etagen und die Dreier-Männer-WG befindet sich im Erdgeschoss.«

Derzeit ein Iraner (ein Fotomodell und Fitnesstrainer, der jetzt Pfarrer werden möchte) und ein Amerikaner, der bei einem christlichen Hilfswerk als Musiktherapeut arbeitet.

Damit hatten die zahlreichen Interessenten auch erst mal kein wirkliches Problem. Denn der Wohnungsmarkt ist hart in Potsdam und das Budget als Student lässt auch nicht viel Spielraum für Extrawünsche und lange Diskussionen. Die Frage, was denn nun eine christliche Wohngemeinschaft sei, wurde dann aber doch sicherheitshalber noch mal gestellt. Wahrscheinlich um auch zu schauen, ob man sich mit Christen irgendwie arrangieren kann. Nun konnte ich ja schlecht sagen: »Wir wollen einfach, dass Jesus der Herr in unserem Haus ist.« Dann wären sie wahrscheinlich sofort gegangen, also sagte ich: »Bei uns herrscht eine Kultur des Vertrauens, ein Geist des Miteinanders, basierend auf den Werten der Bibel. Bei uns gibt es gemeinsame Feste und Spieleabende, Essen, Filmabende, aber auch theologische Gespräche im Waschkeller, Sorgen und Freuden, die man miteinander teilt.« Da seufzten viele auf (»Toll, wie in einer Großfamilie!«) und hätten am liebsten gleich vor Ort den Mietvertrag unterschrieben. Wenn ich dann aber ergänzte, dass sich dieses Zusammenleben noch an zwei Hausregeln festmacht, nämlich: 1.) Der Sonntag ist ein Feiertag, der in der Regel mit einem Gottesdienstbesuch startet und 2.) kein Damenbesuch über Nacht, da wir als Christen finden, dass bestimmte Dinge in die Ehe gehören. Hörte für viele der Spaß auf.

Wie??? Was??? Kein Damenbesuch über Nacht? Nein, das geht ja gar nicht! Fast alle deutschen Interessenten gingen dann sofort. Zwischenzeitlich hatte ich selbst schon Zweifel, ob das nicht zu streng wäre. Einzig für die Ausländer war es klar, dass man sich an diese Regeln zu halten hat. Nun stellte sich aber heraus, dass fast alle von ihnen Muslime waren. Das wiederum kam für uns und unseren konvertierten Iraner überhaupt nicht infrage. Gott sei Dank gab es bei der nächsten Sammelbesichtigung diesen charmanten jungen Musikstudenten, dem »Religion« sehr wichtig sei und der mit dem Satz »Frau Kürschner, ich finde, in jeden Haushalt gehört ein evangelisches Gesangbuch« mein heimlicher Favorit wurde. Schließlich hat er dann auch ein paar Monate bei uns gewohnt, besuchte die Gottesdienste und wurde Teil unserer Gemeinschaft.

Aber irgendwann kam er nicht mehr zu den Gottesdiensten, fragte in der WG, ob er am Sonntagvormittag die Lerngruppe der Uni einladen dürfe, und lernte nur noch. In einem Gespräch über

Uni-Stress und Zeitmanagement habe ich versucht, ihm Mut zu machen, sich doch den Sonntag frei zu halten, um dann auch mal zur Ruhe zur kommen, vielleicht auch mal wieder in den Gottesdienst. Leider hat er dann seine Prioritäten anders gesetzt und ist in ein Studentenwohnheim gezogen, wo er noch näher an der Uni wohnt und noch mehr studieren kann (und ihn wahrscheinlich am Sonntag keiner im Gottesdienst »vermisst«).

Nun waren wir wieder auf der Suche nach einem neuen Mitbewohner. Und dieses Mal war es echt zum Heulen. Ich fragte wie immer in der Gemeinde herum, aber dort waren alle schon mit einer Unterkunft beschenkt. Ich inserierte öffentlich auf den Internetplattformen Ebay-Kleinanzeigen und WG-Gesucht.de »Christliche Männer-WG sucht Mitbewohner« und erhielt wieder unendlich viele Anfragen von Nichtchristen. Unser Sohn Laurenz meinte schon: »Mama, du musst das Zimmer teurer machen, dann melden sich weniger!«, aber Wucherpreise sind auch nicht so meins. Mein Mann fügte hinzu, wir sollten unsere Zielgruppe auch auf christliche Frauen ausweiten – statistisch seien die nämlich klar in der Mehrzahl.

Leider schien aber unser christliches Abendland längere Zeit niemanden auf dem Mietermarkt zu bieten, der in die WG passte, wohl aber syrische Drusen, muslimische Afghanen, Iraker, atheistische Chinesen, hinduistische Inder. Bei den paar Deutschen, die sich meldeten, fragte ich sicherheitshalber gleich am Telefon nach, ob sie gelesen hätten, dass wir eine christliche WG sind. Die Standardantwort war dann: »Ja, ich bin auch irgendwie christlich, bin ja getauft und konfirmiert« oder einmal: »Mein Vater war Pfarrer, das sagt doch alles, oder?«. Ja, nee, leider sagt das nicht alles, es war zum Verzweifeln. Wochenlang habe ich um einen geeigneten christlichen Mieter gebetet, aber es kam nix. Wollte Gott etwa nicht, dass wir einen Christen finden? Wenn ja, warum?

In der Gemeinde hatte ich danach mal »zufällig« ein Gespräch mit einem anderen Vermieter, der sogar (!) Nichtchristen bei sich aufnimmt und meint, seine Mieter hätten gerade durch das Zusammenwohnen Interesse am christlichen Glauben gewonnen. Auch mein Mann ermutigte mich in der Richtung, zumal es ja keine Charakterschwäche sei, wenn einer nicht Christ ist. »Stimmt«, dachte ich. Schließlich habe ich selbst über zwanzig Jahre als Atheist gelebt, ohne sozial oder gar strafrechtlich weiter aufzufallen …

Nun saß ich in meinem Kämmerlein und fragte mich und Gott noch mal, warum ich denn eigentlich nur Christen im Haus haben wollte. Da fiel mir ein, dass ich damals beim Lesen des Buches »Gemeinsames Leben« von Bonhoeffer von dem Gedanken fasziniert war, in so einer Kommunität zu leben. Gemeinschaft mit Christen tagtäglich, gerade in einer Stadt, in der es ja so wenig Christen gibt. Nicht lange erklären zu müssen, warum es doof ist, den Sonntagmorgen mit dem Staubsaugen einzuläuten, sondern wo alle selbstverständlich in den Gottesdienst gehen und man sich am Nachmittag eventuell noch über die Predigt austauschen kann. Natürlich hatte ich da auch besonders »heilige« Kandidaten im Blick, denn ich wünschte mir ja auch noch Vorbilder für unsere Kinder. Ja, und ich bin tatsächlich froh und dankbar, dass vieles davon auch Wirklichkeit wurde. Unsere Kinder sind froh, am Sonntag auch unsere Mieter im Gottesdienst zu sehen und »abzuklatschen«. Bei der gemeinsamen Gartenarbeit wurde schon mal der unterschiedliche Musikgeschmack ausgewertet und gefragt, warum sie Lobpreislieder so gut finden. Und unser Iraner sagte neulich ganz unverblümt beim gemeinsamen Mittagessen: »Jetzt, wo er Jesus kennt, ist alles anders, wirklich alles.« Da staunten unsere Kinder. Mit so viel Klarheit hatten sie außerhalb des Kindergottesdienstes gar nicht gerechnet.

Bei allen frommen Wünschen hinsichtlich der geistlichen Reife der Mieter hat ein Vermieter natürlich auch das Interesse, dass die Miete gezahlt wird und das Mietobjekt nicht leer steht. Nach zwei Monaten vergeblicher Suche nach einem christlichen Mitbewohner unter den ca. 70 Interessenten ging ich also noch mal in mich und strich aus der Annonce schmerzlich das »christlich« und gleich auch das »Männer« (denn Ordnung in der WG kann man auch nicht immer herbeibeten).

Jetzt wohnt eine junge Modedesignerin mit in der WG, die gar kein Problem damit hat, mit Christen zusammenzuwohnen – es gibt ja auch Schlimmeres wie Fußpilz und so … Zumal sie sich vor zehn Jahren auch als Erwachsene hat taufen lassen, aber durch einen Umzug in eine andere Stadt wieder davon »abgekommen« sei. Unsere Hausregeln habe ich ihr trotzdem vorgestellt, sie aber nicht zur Einzugsbedingung gemacht. Gerade ist sie das erste Mal aus freien Stücken mit in den Gottesdienst gekommen und hat sich sehr wohlgefühlt.

Das hat uns ermutigt, es auch weiterhin mit »Nichtfrommen« zu versuchen.

Wie man Freunde gewinnt

»Die kleben ja an ihm wie die Motten am Licht«, meint unser Sohn anerkennend, als er seinen zwei Jahre älteren Bruder in einer Gruppe von bislang fremden Kindern beobachtet: »Wie macht der das bloß?«, fragt er mich.

Ja, Clemens (14) hat wirklich eine erstaunliche Gabe, auf Menschen zuzugehen, so erstaunlich, dass diese ihm schon früh den Spitznamen »Kontaktwunder« einbrachte. All das, was introvertierte Menschen im Selbststudium oder in monatelangen Selbstfindungskursen erst mühsam lernen müssen, scheint er instinktiv richtig zu machen: Er geht auf andere zu und lächelt gewinnend. Da kann die Laune noch so schlecht sein. Er begrüßt mit einer interessierten Frage und hört aufmerksam zu. Es beruhigt uns als Eltern ungemein, dass es anscheinend Momente gibt, in denen er tatsächlich zuhört. Bei uns und in der Schule ist das bisher eher selten der Fall. Aber sei es, wie es sei: Diese Fähigkeit beschert Clemens viele Freunde. Er ist die personifizierte Einsicht des Verses: Es ist nicht gut, dass der Mensch allein sei. Findet Clemens auch. Allein sein ist gar nicht gut. Demzufolge sieht man ihn meist im Doppelpack mit einem Kumpel. Oder man sieht ihn gar nicht. Weil er nämlich verabredet ist.

Kann man ja verstehen. Es sind ja schließlich Sternstunden im

Leben eines Menschen, wenn man das Gefühl hat, das könnten Freunde für mich werden. Auf die könnte ich mich verlassen, da muss ich mich nicht immer zusammenreißen. Das hat auch unser Laurenz (12) gemerkt und wollte einfach lernen, wie man Freunde gewinnt. Nur hat er ganz andere Voraussetzungen als sein Bruder, er hat nämlich das »Kleiner-Professor-Syndrom« (auch bekannt als Asperger Autismus). Die Welt erscheint da wie ein Hörsaal. Sie ist voll von Leuten, die unmittelbar mit seinem Spezialgebiet Bekanntschaft machen sollten. Die neuere Militärgeschichte ist ja auch wirklich zu spannend. Da bleibt eigentlich keine Zeit für langwierige Anreden oder Small Talk, sondern intellektuelles Vollgas vom ersten Moment an. Auch gern gleich morgens um 7.00 am Frühstückstisch, wenn der Rest der Familie noch im morgendlichen Dämmerzustand verharrt. Generalfeldmarschall von Blücher ist dann schon aktiv. Ist klar. Napoleon wartet schließlich, um besiegt zu werden. Nur wir sind noch nicht ganz auf dem Posten ...

Man kann sich vorstellen, um Freunde zu finden, ist das eher hinderlich. Denn Menschen sehnen sich danach, dass man sie versteht und sich in sie hineinversetzt. Ich erinnere mich noch lebhaft an eine aktuelle politische Kontroverse, die er täglich in den Nachrichten verfolgte. Nicht nur wir, sondern all unsere Gäste, seine Lehrer und die Kinder seiner Klasse wurden nach ihrer Einschätzung dazu befragt. Er hatte ein Thema gefunden, das ihn interessierte, also wollte er es gern mit anderen teilen. Leider hatte er da noch nicht im Blick, dass 12-Jährige lieber Fußball spielen, als über Politik zu reden.

Aber die Lernkurve zeigt nach oben: Laurenz entwickelt ein zunehmendes Gespür dafür, wie sich die Kontaktaufnahme für potenzielle Freunde gestalten könnte. Denn neben der sorgfältigen Feldstudie über seinen Bruder hat er auch viele Bücher zum Thema »Wie werde ich beliebt« gelesen und überrascht täglich mit neuen Thesen dazu. Ein Kompliment, ein Lob oder Dank zum Beispiel, so erläutert unsere neue hauseigene Forschungsstelle zum Thema »Freundschaft«, kann Türen zu neuen Herzen öffnen. Der Praxistest erfolgte prompt: So hat Laurenz dem Vater einer Klassenkameradin bescheinigt, dass seine Tochter nicht nur hübsch und klug sei, sondern auch gut erzogen. Das hat solchen Eindruck auf den Vater gemacht, dass er mich bei jeder Begegnung darauf anspricht und auch nicht unerwähnt lässt, dass Laurenz sich ausgezeichnet als potenzieller Schwiegersohn eignen würde.

Das Thema »Freundschaft« ist natürlich nicht nur etwas für unsere Teenies, es verbindet uns alle miteinander. Wie schön ist es, dass wir hier in einer großen Familie leben, wo bestimmte soziale Standards praktisch miteinander eingeübt werden und auch der Wert von gelebten Freundschaften anschaulich wird.

Auch wir Eltern werden ja im Umgang mit unseren Freunden wahrgenommen. Stundenlang hat mein Mann in der Vergangenheit mit einem Freund telefoniert, der in einer Ehekrise steckte. Da konnte es mitunter sehr spät abends werden. Oder wie oft wird von den Kindern kritisch bemerkt, dass Mama in den Park geht und an jeder Ecke stehen bleibt, um neue Nachbarn kennenzulernen. Gerade im Zeitalter der Virtualisierung von sozialen Netzwerken ist es eine gute Erfahrung für Kinder zu sehen, dass tragfähige Beziehungen mehr brauchen als Smileys und »Gefällt mir«-Buttons.

Unter der Rubrik »Hör auf, deine Kinder zu erziehen, sie machen dir eh alles nach!« lassen sich da innerfamiliär durchaus auch schon erste Ähnlichkeiten erkennen: Unsere älteste Tochter investiert z. B. ebenso hingebungsvoll viel Zeit in bestehende Freundschaften wie ihr Vater. Hat die beste Freundin Geburtstag, wird schon mal stundenlang ein Bild gemalt. Hat diese Kummer, kann uns ab 22 Uhr keiner mehr telefonisch auf dem Festnetz erreichen. Während Clemens da wohl eher nach Mama tendiert.

Opfer bringen für Freunde hat ohnehin sehr viel mit Zeit zu tun. Gerade heute, wo so viele Menschen (und selbst Teenies!) im Stress sind, ist es manchmal gar nicht leicht, auch noch Zeit für Freunde zu erübrigen. Aber es ist auch eine Kraftquelle. Es ist eben nicht gut, dass der Mensch allein sei. Umso besser, wenn wir unser Leben mit anderen teilen können. Auch schafft jede gute Beziehung zwischen zwei oder mehreren Menschen einen Raum, in dem Fremde sich willkommen fühlen und Freunde werden können.

Wir Eltern richten nicht zuletzt aus dieser Erfahrung regelmäßige Abende in unserem Stadtviertel aus (wir nennen das einen »Salon«), an denen wir die Nachbarn und Freunde zu einem Gesprächsabend über »Gott und die Welt« einladen. Da gibt es am Anfang einen ca. 30-minütigen Impuls eines Referenten über ein geistliches Thema. Im Anschluss wird dann im Salon mit den ca.

40 Gästen oft heiß diskutiert oder einfach bei einem Glas Wein gemütlich zusammengesessen.

Clemens haben wir nun für diese Abende fest eingeplant, damit er dort mit seiner bezaubernden Art die Gäste begrüßt und Häppchen verteilt, während Laurenz lieber mit unseren Salongästen im Vorfeld fachsimpelt. Letzten Samstag ist er z. B. mit einem befreundeten Theologieprofessor aus Marburg ins Museum gegangen, um die Himmelsscheibe von Nebra angemessen würdigen zu können. Handynummern wurden für künftige Kolloquien selbstredend bereits ausgetauscht.

Gastfreundschaft für Anfänger

»Sabbert es?« Schwiegervater blickte auf seine einjährige Enkeltochter, die ich gerade auf seinem wertvollen Perserteppich ablegte. Er rannte los, bevor ich antworten konnte, und kam mit einem riesigen Bettlaken zurück. Der Teppich war in Sicherheit, die junge Familie entspannt.

»Ich verschwinde nur mal kurz in der Küche«, trällerte er anschließend. Wenn man kocht, dann richtig. Es sollte der besondere Salat sein. Plus Spaghetti für die von zu viel Gesundheit angefochtene Kinderseele. Nach einer halben Stunde öffnete ich vorsichtig die Küchentür, schwerer Geruch von angebratenen Zwiebeln empfing mich. Schemenhaft erkannte ich durch den Dunst den Chef de Cuisine. Es würde also noch dauern …

Möglicherweise war die eigentümliche Zwiebelmeditation nur eine Einstimmung, um schon einmal die Gesprächsthemen zu durchdenken. Denn das Gespräch hat im Hause Kürschner stets Vorrang vor der schnöden Nahrungsaufnahme. Der Mensch lebt eben nicht vom Brot allein! Das Leben muss im Allgemeinen und im Besonderen ausführlich besprochen werden, da wird nicht auf die Uhr geschaut. Wäre unsere Kleine nicht periodisch vom Laken gekrabbelt, hätten an diesem Nachmittag die wichtigsten Probleme der Welt ohne Zweifel gelöst werden können.

Der Dichter Horaz hat mal gesagt: »Ein Gastgeber ist wie ein Feldherr: Erst wenn etwas schiefgeht, zeigt sich sein Talent.« Besonders viel Talent braucht es offenbar bei Kindern. Wenn Gastfreundschaft darauf zielt, dass aus Fremden Freunde werden, dann schwingt auch stets die Sorge mit, dass es unter all der fröhlichen Kreativität auch ganz anders kommen könnte: Aus Freunden werden Fremde. Und so war es im Sinne des Sprichworts ein Feldherr bzw. Generalleutnant, der uns Gastfreundschaft lebendig werden ließ: Seine Frau hatte für unseren Maxi (4) schon eine Spielkiste mit exotischen Militärfahrzeugen bereitgestellt. Und die großen Kinder wurden von ihm persönlich sogleich ins Manöver geführt und mit den Sicherheitsmerkmalen eines echten Generalshaushalts bekannt gemacht: kugelsichere Wohnzimmerscheiben, mannshohe Einfriedungsmauer, Hundespaziergänge natürlich nur mit Bodyguards. Das ist kein Kindergeburtstag. Oder vielleicht gerade doch: Die Jungs waren begeistert, besonders als noch selbst gebaute Sturmfeuergewehre aus Holz ausgegeben wurden. Ein Jahrzehnt Friedenserziehung wurde kurzfristig ausgesetzt, während zwei Teenager in imaginären Schützengräben verschwanden.

Aber der General hatte auch das Wohl der erwachsenen Gäste im Blick und extra einen interessanten Überraschungsgast eingeladen, mit dem uns ein Meer von Gesprächsthemen und Interessen verband. Während im Garten die Gefechte weitergingen und Maxi die längste Panzerreihe seines Lebens baute, ging es bei uns mit Wein und gutem Essen um Krieg und Frieden.

Gastfreundschaft erleben zu können ist wunderbar. Da öffnen Menschen ihr Haus, schenken ihre wertvolle Zeit und lassen einen an ihrem Tisch zur Ruhe kommen. Man kommt sich näher, teilt Gedanken aus eben noch fremden Lebenswelten und lernt neue Perspektiven kennen. Und wenn's gut läuft, wird Fremdes vertraut.

So waren wir in den letzten Jahren oft zu Gast in anderen Häusern. In der Rolle des Gastes konnten wir lernen, wie Gastfreundschaft gelingen kann – aber auch, was unangenehm ist und was Annäherung hemmt. Hektik ist beispielsweise solch ein Stimmungskiller. Wenn der Gastgeber ständig auf die Uhr schaut, hat man als Besucher das Gefühl, dass man lieber bald wieder gehen sollte, und mag erst gar nicht richtig ankommen. Auch der Fokus auf die Rahmenbedingungen, z. B. das Essen, kann einen Gastgeber mehr in Beschlag nehmen, als es für die Beziehungspflege mit dem Gast hilfreich ist.

Das kennen wir schon aus der Bibel. »Marta machte sich viel zu schaffen, ihnen [d. h. den Gästen] zu dienen« (Lukas 10,40). Dabei tat Marta eigentlich das, was man von einer guten Gastgeberin damals erwartete. Sie umsorgte die Gäste. Dabei störte es sie, dass ihre Schwester lieber Jesus zuhören wollte und sie allein mit der Arbeit dastand. Und dann bat Marta auch noch den Gast, ihr beizustehen: »Jesus, sag du's ihr …!« Während unsereinem dann schmerzlich bewusst geworden wäre: Oh Schreck, was für eine peinliche Situation – gab Jesus der pflichtbewussten Marta den heißen Tipp: Einfach mal hinsetzen und zuhören!

Manchmal entsteht aus solcher Unruhe auch eine Spannung zwischen den Gastgebern. Da wird der Hausherr von seiner Frau aufgefordert, »mal kurz« die Wasserkiste aus dem Keller zu holen. Und als der sich, vertieft ins Gespräch mit den Gästen, nicht sofort in Gang setzt, wird er noch mal nachdrücklich von ihr erinnert. Die Gastgeber unterschätzen manchmal, wie sensibel Gäste diese Stimmung wahrnehmen. Ein einziges Augenverdrehen der Ehefrau, wenn ihr Mann etwas sagt oder zu laut lacht, offenbart dem Gast: Hier stimmt etwas nicht – und schade, dass vorher offensichtlich keine Zeit für ein klärendes Gespräch war. Möglicherweise wird sich der Gast sogar in die Spannungen hineingezogen fühlen und glaubt, für eine der Seiten Partei ergreifen zu müssen. »Bist du für ihn oder für sie?« – »Was ist dein Standpunkt in der Angelegenheit?« Da wechselt man unvermittelt vom gemütlichen Gästesofa auf die Anklagebank. Wie sollen Fremde zu Freunden werden, wenn die Gastgeber sich schon nicht grün sind?

Nun wollten wir diese Erfahrungen gern auch an andere Menschen weitergeben. Sind wir als Christen nicht sowieso auch zur Gastfreundlichkeit berufen – und zwar ohne Murren? (1. Petrus 4,9).

Was können wir nun tun, dass sich Menschen bei uns wohlfühlen? Die erste strategische Frage lautet: Wen lädt man eigentlich ein? Bei uns hat sich ein Mix aus Fremden und Freunden bewährt. Wenn ich einen Umzugswagen in der Nachbarschaft beim Ausladen sehe, finde ich es regelmäßig spannend, wer dort einzieht – und frage nach! Wenn wir uns beim nächsten Mal auf der Straße begegnen, kommen wir vielleicht über unsere beruf-

lichen Dinge ins Gespräch. Oder man trifft sich beim Elternabend. Und wie oft begegne ich interessanten Menschen, wenn ich unseren Sohn aus dem Kindergarten abhole. Bis der sich seine Schuhe angezogen und sein Kuscheltier gefunden hat, habe ich schon die nette Mama kennengelernt, die gerade mit ihrer Familie nach Potsdam gezogen ist. Meist hat man nach ein paar Sätzen ein ganz gutes Gefühl dafür, ob Lust und Offenheit besteht, der Nachbarschaft näherzukommen. Und während Maxi sich dann noch von all seinen Freunden verabschiedet, kann ich noch schnell hinzufügen, dass mein Mann und ich so einen Gesprächssalon veranstalten, wo man sich in privater Atmosphäre ein wenig kennenlernen kann. Und der nächste Abholtermin im Kindergarten kommt bestimmt. Da habe ich dann meist schon eine Einladung dabei, die ich überreiche.

Unsere Salonabende finden ca. fünfmal im Jahr statt, immer am Samstagabend. Ein Zeitfenster von zwei Stunden sollte man schon einplanen, denn Begegnungen brauchen Zeit. Aber auch ein fest definiertes Ende macht es den persönlich und beruflich oft stark beanspruchten neuen Gästen leichter zuzusagen.

Um Hektik zu vermeiden, sollte das Essen gut vorbereitet sein. Da hat man es heute sicher etwas entspannter als die Generationen vor uns: Keiner erwartet mehr ein Drei-Gänge-Menü. Lieber lernt man beide Gastgeber kennen. Deswegen kommen unsere Häppchen am Anfang zu den sich Unterhaltenden, denn gute Gespräche können sich eher entwickeln, wenn man auch Zeit hat, beim Gegenüber zu sein, ihm in Ruhe zuzuhören. Oder man bedient sich gleich selbst. Das ist ohnehin viel kommunikativer, da die besonders Hungrigen sich immer direkt am Buffet unterhalten. Kinderliebe Menschen kommen dabei auch auf ihre Kosten, denn unsere zwei Teenager servieren die Häppchen und lassen sich auf Nachfrage auch gern entlocken, dass sie bei der Vorbereitung tatkräftig geholfen haben. Da Gastfreundschaft ja ein Stück geteiltes Leben ist, gehören unsere Kinder auch dazu.

Und je älter unsere Kinder werden, umso interessanter sind für sie auch die Gespräche der Erwachsenen – manchmal zu interessant, wie wir dann am nächsten Morgen finden.

Oft weiß ich nicht, mit welchen Fragen und Sorgen unsere Besucher zu uns kommen, allerdings möchte ich nicht, dass sie gehen, ohne über das sprechen zu können, was sie bewegt. Unsere Gesprächsabende sollen genau das ermöglichen: dass Besucher sich eingeladen fühlen, über das ins Gespräch zu kommen, was im Leben zählt – statt nur das aufzuzählen, was sie besitzen: mein Haus, mein Auto, mein Charity-Projekt …

Da sind wir dann auch ganz nahe an dem, was der geistliche Wert von Gastfreundschaft ist: dass wir, wie Romano Guardini es ausdrückt, einander »Rast geben auf dem Weg nach dem ewigen Zuhause«. Das große Ganze ist natürlich selten an einem Abend zu besprechen. Aber ein gutes Gespräch kann auch später noch Früchte tragen. Und glücklicherweise folgt ja die nächste Einladung auch bald.

Urlaub mit Kindern? – Das ist Alltag unter erschwerten Bedingungen!

Es ist kurz nach zehn Uhr morgens. Ich sitze gerade auf der Terrasse unseres Hofes in Südschweden und kann mein Glück kaum fassen. Die Sonne scheint jetzt einen Moment nur für mich. Und es ist so ruhig, dass man den Wind in den Blättern rascheln hören kann. Endlich habe ich Zeit, mir anzuschauen, wie schön es hier auch diesmal wieder ist. Dabei sind wir schon ein paar Tage hier. Aber es ergab sich einfach noch keine Gelegenheit zum Entspannen.

Doch plötzlich ist er da, dieser Moment, in dem ich staunen kann, wie gut Gott alles gemacht hat. Während ich einfach nur dasitze, mich nicht bewege, damit keiner merkt, dass Mama sich mal allein irgendwo hingesetzt hat, höre ich im Hintergrund das nüchterne Klackern der Waschmaschine. Sie erinnert mich daran, dass ich doch nicht allein bin und gleich ein Kind um die Ecke kommen könnte und »M-a-m-a« ruft, als wäre ich der einzige Mensch auf der Welt, der als Ansprechpartner infrage käme.

Bin ich auch, denn mein Mann hat sich heute Morgen um sechs Uhr mal eine Bootsfahrt zur nächsten Insel gegönnt, wo er in aller Stille den Sonnenaufgang genießen wollte. Gern hätte er mich mitgenommen. Nur da, wo ich hingehe, folgen auch drei Teenies und ein Kleinkind und dann ist es mit der Stille vorbei.

Ich erinnere mich noch lebhaft, wie unsere große Tochter das erste Mal eine Insel betrat, ihr Handy in die Luft hielt und freudig verkündete: »Super, fünf Balken« – sprich: grandioser Internetempfang!

Und so startete heute mein Urlaubstag wieder um 6.30 Uhr. Unser jüngster Sohn Maximilian (4) weckte mich unsanft, indem er seinen Kopf an meine Stirn drückte und bemerkte: »Hast du ausgeschlafen, Mama? Es ist doch schon hell.«

Tja, die hellen Nächte in Schweden haben so ihre Vor- und auch ihre Nachteile. Das Exklusiv-Frühstück für den Kleinen war dann um sieben Uhr fertig. Die Teenies schliefen natürlich noch, sind ja schließlich Ferien – für sie zumindest. In der Zwischenzeit plante ich schon, was ich zum Mittag kochen werde, und versuchte zu rekonstruieren, wer nach dem Frühstück mit dem Abwasch dran ist.

Jetzt sehe ich gerade, wie Maxi friedlich und allein mit der Nachbarskatze spielt. Als Mutter weiß ich, dass so ein Moment nicht so schnell wiederkommt – also nichts wie hin zu meinen Andachtsbüchern. Ich setze mich heimlich an einen schönen Platz im hinteren Teil des Gartens und denke, er sieht mich nicht. Fehlanzeige – da kommt er auch schon mit seinem kleinen Kinderstühlchen und positioniert sich direkt vor meinen Knien. Super, denke ich, auch heute wird »Stille Zeit« wieder eine Zeit mit dem »Babbelbär«. Zu Hause hätte ich ihn spätestens jetzt in den Kindergarten gebracht, so muss ich mir nun etwas anderes einfallen lassen. Ich versuche es mit: »Schau mal, Mama möchte jetzt gern mit Gott sprechen und in der Bibel lesen. Und wenn du Mama jetzt kurz allein lässt, dann ist sie gleich auch ganz entspannt und glücklich.« Maxi erwidert nur entwaffnend: »Aber Mama, ich will doch aber lieber bei dir bleiben.«

Nur gut, dass die Andachten von Oswald Chambers so schön kurz sind. Ob er dabei auch an den Alltag von Müttern im Urlaub gedacht hat?

Inzwischen schält sich einer unserer Teenies aus dem Zelt. Ein verwegen sehnsüchtiger Gedanke begleitet das verstrubbelte Gähnen dieses Halbstarken: Hier nähert sich ein potenzieller Babysitter.

Als ob er schon so was ahnt, wird mein etwas zu überschwänglich geratenes »Guten Morgen, wie wär's mit einem Frühstück auf der Terrasse?« mit einem »Was soll ich tun, Mama?« geerdet.

Ich verspreche ihm eine Extrastunde Medienzeit, wenn er jetzt mit Maxi einen kleinen Waldspaziergang macht. Mama braucht dringend Ruhe. Gesagt, getan.

Nun bin ich endlich allein. Im Hintergrund schleudert die Waschmaschine ihre dreitausendste Runde. Und dann sogar etwas Himmlisches: Die WhatsApp von meinem Mann bringt mir den zweiten Sonnenaufgang am gleichen Tag. Schön, dass er es auf diese Art mit mir teilt.

Seit 18 Jahren verbringen wir unseren Sommerurlaub hier. Und ja, es ist schön hier und ich genieße es. Und Kinder sind etwas Wunderbares und ja – ich wollte sie. Jedes einzelne. Aber Urlaub bedeutet auch, dass ich mich vom geregelten Alltag erholen darf, indem ich jetzt ungeregelte Vollzeit-Mama bin. Alle wollen Mama. Zu jeder Zeit. Und essen wollen sie auch. Ehrlich: Für Mütter ist Urlaub oft Alltag unter erschwerten Bedingungen!

Soll ich vielleicht noch zehn Jahre die Zähne zusammenbeißen, um mich im Urlaub entspannen zu können? Das möchte ich mir gerade nicht vorstellen. Es muss sich etwas ändern, so viel ist klar. Und wenn mein Mann heute Abend prächtig erholt von der Insel eintrudelt, ist der Moment für ein klärendes Gespräch eigentlich perfekt.

Ungeduldig und mit meinem strahlenden Lächeln empfange ich ihn am Abend und lausche geduldig seinen Ausführungen, wie traumhaft sein Tag war.

Hängematte, lesen am Strand – ein ganzes Kapitel am Stück. Wahnsinn!

Hey und ich merke beim Zuhören, ich freue mich wirklich mit ihm. Denn seine Entspannung überträgt sich auf die ganze Familie. Wir sind eben nach all den Jahren auch ein großes Stück zusammengewachsen. Aber genau das lässt ihn auch spüren, dass mein Tag etwas weniger erholsam verlief. Als die Kinder um 23 Uhr immer noch nicht unsichtbar werden wollen, tun wir das, was vernünftige Erwachsene in so einer Situation tun. Sie schließen sich im Schlafzimmer ein, um mal einen Augenblick allein zu sprechen.

»Ich brauche Zeit zum Auftanken, sonst dreh ich durch«, platzt es förmlich aus mir heraus.

Mein Mann ist Pragmatiker im Sinne von »Happy wife, happy life«. Ich merke, wie gut es mir tut, dass er mir zuhört. Wir überlegen zusammen, wie sich mein Wunsch nach Auszeit und Zweisamkeit realisieren lässt. Er macht mir Mut, dass wir ab und an – wenn schon nicht den Sonnenaufgang, so doch immerhin den Sonnenuntergang zu zweit auf dem See erleben wollen. Und außerdem beschließen wir, dass wir ab sofort jeden Tag die großen Kinder fest als Assistenten der Wohlfühlmanagerin »Mama« einplanen: Jeder »darf« eine Stunde am Tag auf den kleinen Bruder aufpassen. Das sind drei Stunden am Tag für mich – und das hört sich doch fast schon nach Urlaub an. Außerdem ist Maxi bei wichtigen Bauprojekten von Papa inzwischen ein unabkömmlicher Assistent geworden, sodass ich ihn dann beinahe ein wenig vermisse …

Die folgenden Ferientage zeigen uns nicht nur, dass unsere Kinder Verständnis für elterliche Bedürfnisse haben, sondern auch, dass sie selbst viel entspannter mit ihren neuen Aufgaben umgehen und dabei sogar kreativ werden: Der eine werkelt mit Maxi in der Scheune, der Zweite bevorzugt entspanntes Mandala-Ausmalen und die Dritte meint, mit Himbeerensammeln wird die Stunde am schnellsten vergehen. Dabei merken sie, dass sie gebraucht werden und ihren Beitrag für die Familie leisten können. Nebenbei zaubert die Erinnerung an das Glück des kleinen Bruders abends auch manch einem Babysitter ein Lächeln aufs Gesicht.

Und ich selbst bin am Ende auch unerwartet erholt und komme mit weiteren mutigen Ideen aus diesem Urlaub zurück. Im nächsten Jahr werde ich mal eine persönliche Wohlfühlinsel nach meinem Gusto einplanen. Auf den Spuren meiner Lieblingsautoren – ein kinderfreies Auftankwochenende in Oxford. Dann freut man sich nach der Rückkehr erfahrungsgemäß umso mehr auf die lieben Kleinen und Großen.

Psst, Janina kommt!

Seit sieben Jahren lebe ich mit meiner Familie wieder in meinem Geburtsort Potsdam. Ein ganz besonderer Ort: nicht nur unglaublich schön, sondern auch einer der atheistischsten Orte in ganz Deutschland. Zu DDR-Zeiten lebte hier die Elite des Sozialismus. Auch die Russen, das sozialistische Brudervolk an unserer Seite, hatte sich in einem ganzen Stadtviertel breitgemacht. Da gab es so ein schönes Lied, das ich mal kannte: »Ohne Gott und Sonnenschein fahren wir die Ernte ein.« Was auch immer die Ernte war …

Und »ernten« tun wir heute auch noch: Potsdam ist weiterhin religiös unmusikalisch geblieben. Antworten unsere Kinder auf die Frage nach dem Beruf ihres Papas mit »Pfarrer«, kann es passieren, dass sie zurückgefragt werden: Was? Lkw-Fahrer? Oder die Gäste fragen, wenn ein Tischgebet gesprochen wird, ob einem schlecht ist.

Das ist Potsdam.

1973 bin ich dort als ältestes von zwei Geschwistern geboren und hatte in der Folge die Gelegenheit, Potsdam sehr gut kennenzulernen, denn meine Mutter liebte die Abwechslung und so sind wir alle drei Jahre umgezogen.

In dieser Stadt wuchs ich nun auf. Mein Vater war Bohrer und

Dreher im Schichtdienst. Meine Mutter war in den DEFA-Filmstudios als Verwaltungsleiterin des Kopierwerkes angestellt. Insofern war meine Kindheit eng mit den Filmstudios verbunden. Ich konnte hinter die Kulissen schauen, die Kostüme bewundern und sogar nach Belieben in die Kostümkiste greifen, um mich in die Prinzessin zu verwandeln, die man in diesem Alter gerne ist.

Im Alter von zwei Jahren kam ich fast ein wenig verspätet in die dortige Betriebskrippe der DEFA. Viele andere Kinder waren bereits mit sechs Monaten dort. Die Erzieherinnen hatten dadurch viel Zeit, in unser Leben hineinzuwirken, da viele von uns bis zu zehn Stunden am Tag dort waren.

Vor den offiziellen Feiertagen wurden die Kinder schon im Kindergarten darauf eingeschworen und alle sollten ihre Eltern überzeugen, dass sie auch wirklich zu den Feiertagsdemonstrationen hingehen. Um dem mehr Schlagkraft zu verleihen, haben wir vor dem 1. Mai eigens Winkelemente gebastelt. Hinterher wurde dann nachgefasst, ob auch alle korrekt gefeiert haben: In der Kita wurde sich präzise erkundigt, wer wo mit den Eltern gestanden hatte und ob man auch alle Bühnenshows gesehen hat.

Der Sozialismus forderte seine Opfer: Das Familienleben war das erste. Schließlich sollte die Familie als alte bürgerliche Eierschale auch überwunden werden. Schließlich war der Sozialismus ja unsere neue Familie. Manche Kinder wurden morgens noch schlafend um 6 Uhr in die Krippe gebracht und abends – bereits wieder schlafend – abgeholt. Die Entwicklungsfortschritte der Kinder konnte man dann abends bei der Erzieherin erfragen: »Geht sie schon aufs Töpfchen?« oder: »Ihre Tochter ist heute das erste Mal gelaufen«. Es gibt viele Bilder aus meiner Kindheit, auf denen ich traurig auf dem Schoß meiner Erzieherin saß. Oft hat mich auch mein Vater in die Krippe gebracht, da meine Mutter es nicht ertragen konnte, mich immer weinend beim Abschied zu sehen. Aber so musste es sein, so verlangte es der Aufbaugedanke des Sozialismus von meiner Mutter. Sie hatte nicht die Wahl, zu

Hause zu bleiben, sich um mich zu kümmern, sie musste arbeiten gehen wie viele andere Mütter auch, weil darauf gezählt wurde, dass auch die Frauen mit dazuverdienten. Meine Eltern versuchten ihr Bestes, indem wir möglichst viel am Wochenende unternahmen, das war toll.

Auch die Schulzeit habe ich als eine Zeit empfunden, in der ich lange in der Schule und wenig zu Hause war. Die Ganztagsschule sorgte für eine Betreuung auch nach dem Unterricht. Das kennen wir. Kommt ja alles wieder ... Ich war auf einer Kaderschule für Sportförderung. Bereits im Kindergarten wurde ich zusammen mit meiner Freundin Jeanette aus 120 Kindern als besonders sportbegabt ausgewählt. Fortan hatte ich fünfmal die Woche Sportunterricht. Kanu hatte man für mich ausgewählt, für DDR-Medaillen auf Kurs gehen.

In der Schulzeit zeichnete ich mich durch besondere Strebsamkeit aus, erst Pionier, dann FDJler. So haben es alle meine Freunde gemacht und ich auch. Ich übernahm die Aufgabe als Agitator: Ich war dafür zuständig, durch Wandzeitungen dafür zu sorgen, dass die Wahrheit der veröffentlichten Meinung auch im Klassenraum ankam.

Ich war Gruppenratsvorsitzende. Die Aktuelle Kamera, die Tagesschau des DDR-Fernsehens, war natürlich Pflicht, wenn ich nicht vorher immer eingeschlafen wäre ...

Meine Klassenlehrerin ist mir in der Zeit eine Art Ersatzmutter geworden. Mit ihr teilte ich Freud und Leid. Ihr konnte ich vertrauen. Denn sie stand für das Gute, für den Frieden, für den sozialistischen Aufbau. Für sie war ich auch bereit, meine Eltern auszuspionieren, ob die mit ganzem Herzen für den Frieden waren. So enthusiastisch wie ich waren sie jedenfalls nicht ... Ich erinnere mich an Situationen, wo ich nach Hause kam und beim Öffnen der Haustür hörte, wie meine Eltern sagten: »Psst, Janina kommt!«

Ich wollte später Staatsbürgerkundelehrerin werden. Da meine Mutter als Arbeiterkind studiert hatte, hätte ich nur etwas studieren können, was für den Staat wichtig ist. Dazu kam, dass meine Mutter weder in der FDJ noch in der Partei war.

Ich liebte die DDR und war froh und stolz, dass ich dort leben durfte. So eine fürsorgliche Regierung, die sich derart für uns einsetzte. Selbst der Staatsratsvorsitzende machte da keine Ausnahme und fuhr einen Trabant – so glaubte ich zumindest fest. Und ich genoss die Sicherheit: Überall waren ja Abschnittsbevollmächtigte, die uns beschützten. Im Westen, so erfuhr ich aus dem Ostfernsehen, gab es nur Verbrecher und Mörder, insofern war ich froh, dass unsere Regierung einen antifaschistischen Schutzwall errichtet hatte, den die aus dem Westen immer nur abschätzig »die Mauer« nannten. Der Westen – das war der Klassenfeind. Und die Nazis würden dort recht bald wieder an die Macht kommen, so wurde uns glaubhaft versichert.

Klar hatten unsere Lehrer recht – was mich nicht davon abhielt, der Geburtstagseinladung meiner Brieffreundin aus der Nähe von Oldenburg fröhlich zuzusagen. Vermutlich war mir nicht klar, dass ich mich damit in den gefährlichen Westen hätte begeben müssen.

Meinen Eltern schon, die mir vorschlugen, dieses Vorhaben nach der Verrentung umzusetzen. Denn vorher habe der Staat Sorge, dass ich nicht mehr zurückkomme. Komisch. Aber Fürsorge ist Fürsorge ... Da nicht alle Zweifel ausgeräumt waren, vertrösteten mich meine Eltern damit, dass die Brieffreundin ja nach Potsdam kommen könnte. Das fanden wir alle gut. Und meine Brieffreundin schickte mir vor lauter Begeisterung gleich noch Adressen von ihren Klassenkameraden, damit ich sie in meiner

Schule verteilen konnte. Ich dachte mir nichts Böses und staunte nicht schlecht, als eine halbe Stunde später meine Eltern direkt von der Arbeit zum Direktor zitiert wurden, um mit ihm zu klären, warum die Tochter hier gerade das Werk des kapitalistischen Klassenfeindes betreibt.

Kirche gab es nicht für mich. Ich habe nie eine Kirchenglocke gehört, keine Kirche wahrgenommen und kannte keinen einzigen Menschen, der gläubig war. Am Sonntag hörte man nicht etwa Choräle, sondern überall surrte der Staubsauger, denn der Sonntag war Putztag. An Weihnachten sang ich Lieder wie: Wenn ich groß bin, möchte ich Panzerfahrerin werden, rattata ... Als meine Mama dann genervt nachfragte, ob wir eigentlich keine vernünftigen Lieder in der Schule lernten, war meine Antwort: Das sag ich meiner Lehrerin, dass du gegen den Frieden bist. – Kirchliche Traditionen? Fehlanzeige. Bei uns war es so weit, dass wir bereits vergessen hatten, dass wir Gott vergessen hatten ... Dass meine eigenen Großeltern Kirchenmitglieder waren und mein Onkel Helmut im Spreewald im Kirchenchor gesungen hat, habe ich erst nach der Wende erfahren. Vorher sprach man über so etwas nicht.

Hinterher auch nicht. Ich war 16, als die Mauer fiel, und mein erster Gedanke war wirklich: Jetzt kommen die ganzen Mörder und Verbrecher zu uns rüber. Einen Tag später ließ ich mich aber doch von der Euphorie der Familie anstecken, denn wir konnten nun erstmalig unsere Verwandten in Berlin besuchen und die waren ja keine Verbrecher, wie ich wusste. Und Begrüßungsgeld gab es ja auch noch.

Nun kam die Wiedervereinigung und für mich auch noch die Pubertät und ich wollte in aller Freiheit das Leben genießen. Inzwischen hatte ich eine eigene Wohnung und konnte mich der Kontrolle meiner Eltern vollständig entziehen. Die hatten auch gerade genug mit sich selbst zu tun, da meine Mutter die Scheidung einreichte. Freizügigkeit auf allen Kanälen eben.

Durch die offenen Grenzen konnte ich 1990 die Schule wechseln und auf einem Gymnasium in Berlin-Zehlendorf mein Abitur machen. Das Schwierigste für mich dort war das eigenständige Denken, denn bisher hatte man mir ja immer gesagt, was ich zu denken habe. Und plötzlich saß man im Unterricht und der Lehrer fragte: »Und Janina? Was denkst du dazu?« Das war gar nicht so leicht, am liebsten hätte ich gefragt: »Wo kann ich das denn nachlesen?« Ich merke auch heute immer noch, wie sehr ich mich überwinden muss, erst mal meinen Standpunkt zu einer Sache zu entwickeln.

Bevor ich anfing zu studieren, bin ich noch ein Jahr nach Rom gegangen, um das Land und die Sprache kennenzulernen, so stand es in meinem Lebenslauf, aber eigentlich suchte ich die große Liebe, fand sie aber nicht.

Zurück in Deutschland stürzte ich mich ins Party- und Nachtleben. Mein Freundeskreis unterlag einer hohen Fluktuation. Alles war im Fluss, die Multi-Optionsgesellschaft öffnete ihren Bauchladen. Ich war neugierig, anpassungsfähig, griff zu und sagte selten Nein zu etwas. So kam ich viel rum und wurde oft eingeladen. Aber ein komisches Gefühl blieb trotz der vielen Menschen um mich herum in meiner schnellen Welt. Wenn ich abends nach Hause kam, dann war ich allein. Um diesem Gefühl zu entkommen, flüchtete ich oft zu meinen Großeltern, zu denen ich eine sehr enge Bindung verspürte. Die hatten so eine Art Kleinbauernhof mit Hund und Hühnern. Ich war fast täglich bei ihnen und liebte das Leben auf dem Land, auch wenn es mitten in der Großstadt war.

Als ich mal wieder mit meiner Clique unterwegs war – alle hatten da ähnliche Interessen wie ich: Partys, Musik, Alkohol usw. –, brachte ein Freund einen jungen Studenten mit in die Gruppe. Er studierte Theologie und fiel mir auf, weil er vor dem Essen betete und samstagabends nicht so lange bei den Partys bleiben wollte, da er sonntagmorgens ausgeschlafen in den Gottesdienst gehen wollte. Dazu wirkte er immer so ausgeglichen und reif, nicht so hektisch und albern wie meine Freunde. Auf einer meiner Geburtstagspartys – meine Freundinnen prahlten gerade über ihre wechselnden Männerbekanntschaften, während die sich besaufenden Männer ordinäre Witze machten – nahm er mich beiseite und bekannte, wie schrecklich er die Gespräche fände und was ich nur für Freunde hätte. Das schockierte mich einerseits, denn es waren ja meine Freunde, machte mich aber auch nachdenklich. Hatte er vielleicht recht?

All dies blieb zunächst eine Episode. Aber es wurde zu einem Baustein, zu dem nach und nach weitere Steine dazukamen, sodass sich nach und nach ein Mosaik formte. Als ich an einem Maifeiertag über den Luisenplatz lief, wo gerade ein Fest anlässlich des Tags der Arbeit stattfand, lief ich an einer Losbude vorbei, wo gerade Trostpreise in die Menge geworfen wurden. Nur mit Mühe konnte ich verhindern, von einer Kinderbibel erschlagen zu werden, und fing sie auf. Darin fing ich dann an zu lesen, denn eine Bibel hatte niemand aus meiner Familie.

Darin habe ich gelesen, dass der Mensch gemacht wurde, um Gott zu lieben und seinen Nächsten, es gab also einen Sinn im Leben?

Erst später habe ich gemerkt, dass dieses Buch, das hier für mich sprichwörtlich »vom Himmel fiel«, ein Trostpreis im wahrsten Sinne des Wortes sein würde.

Nun erinnerte ich mich auch wieder an den Theologiestudenten, knüpfte neu Kontakt und machte mit ihm daraufhin einige lange Spaziergänge. Er erzählte mir, dass er sich hat taufen lassen und sich dann auf den Weg mit Gott machte. Auf welchem Weg ich gerade war, wurde mir, glaube ich, in dieser Zeit zur großen Frage, die sich über die anstehende Berufswahl hinaus verdichtete: Wohin geht die Reise? Welchen Sinn hat überhaupt mein Leben?

Das Nachdenken über diese Frage löste ein ganz eigenartiges Gefühl bei mir aus. Mir war nur noch zum Weinen zumute. Die Freude war verloren. Wie durch einen Zoom begann ich alles in meinem Leben genauer zu betrachten. Oberflächlich gesehen hatte ich alles, was man zum Leben braucht: Familie, Freunde, keine finanziellen Sorgen und sogar einen Studienplatz in meiner Heimatstadt. Aber genauer betrachtet, waren die Beziehungen, in denen ich stand, recht brüchig. Meine Großeltern z. B. besuchte ich nur, wenn ich Geld brauchte. Und meine Freunde kannten mich gar nicht richtig, weil ich ihnen immer wieder die tollsten

Lügengeschichten erzählte, um mich im Gespräch zu halten. Ich log mich einfach durchs Leben. Auch fiel mir erschreckend deutlich der Prozess wegen Fahrerflucht ein, in dem ich seit einigen Monaten steckte. Ich hatte ein Kind überfahren. Wie konnte ich das nur verdrängen?

Wochenlang irrte ich durch die Parks von Potsdam und machte mir Gedanken über mein Leben. Die Ziele, die ich verfolgte, schienen mir nicht mehr erstrebenswert: Denn eigentlich hatte ich bisher vorgehabt, Karriere zu machen, viel Geld zu verdienen oder einen reichen Mann zu heiraten. An einem dieser Tage, ich hing wieder in einem Park meinen Gedanken nach, fing es heftig an zu regnen. Ich suchte einen Unterschlupf und fand ihn in der Nikolaikirche. Der riesige Schinkelbau war mir vorher seltsamerweise nie aufgefallen, obwohl sie die größte Kirche in Potsdam ist und ich zehn Jahre fast täglich auf meinem Schulweg daran vorbeigegangen war. Das Phänomen nennt man wohl Ideologie: Die Gedanken sind dann sogar stärker als die Augen und lassen einen selbst das Offensichtlichste übersehen ...

Aber nun war ich da. Und sah: Das Kircheninnere faszinierte mich durch seine Ruhe und das Kerzenlicht vorn am Altar. Ich nahm in der ersten Bankreihe Platz und ließ die Stille auf mich wirken. Niemand sprach mich an, niemand schien in der Kirche zu sein. Ich schaute immer wieder aufs Kreuz und murmelte: »Wenn es wirklich einen Gott gibt, dann soll er jetzt machen, dass ich wieder glücklich werde.« Dann verließ ich die Kirche und draußen schien nach dem Regen plötzlich wieder die Sonne. »Hey«, dachte ich, »das ging jetzt aber schnell.« Gleichzeitig spürte ich das erste Mal, dass da jemand war, der mir zuhörte.

Bei einem weiteren Besuch in der Nikolaikirche lernte ich den dortigen Pfarrer kennen, in dem ich später meinen geistlichen Vater fand. Ich fragte ihn, ob man sich bei ihm taufen lassen könne, denn dass das irgendwie der Eintritt in die Welt Gottes sein würde, wusste ich ja nun von meinem Bekannten. Der Pfarrer fragte: »Was weißt du denn schon alles über die Bibel und Gott?« Ich stellte erschrocken fest: »Eigentlich nichts!« Den Pfarrer schien dies nicht zu schocken. Vielmehr lud er mich freundlich zu einem Grundkurs des christlichen Lebens ein. Dort saß ich am ersten Abend mit 25 anderen Menschen zusammen, die alle ähnliche Umbruchsituationen erlebt hatten wie ich. In diesem Kurs lernte ich die Bibel kennen und Gott lieben.

In der Osternacht 1996 ließ ich mich taufen. Mein Taufspruch steht in Psalm 51,12-13a und lautet: »Schaffe in mir Gott ein reines Herz ... Verwirf mich nicht vor deinem Angesicht.« Ich fühlte mich angekommen. Reich beschenkt wollte ich auch selbst etwas geben: In der Kirchengemeinde übernahm ich die Betreuung des Büchertisches. Eine Buchhändlerin, die uns belieferte, gab mir das Buch »Jesus unser Schicksal« von Wilhelm Busch. Beim Lesen begann ich zu verstehen, was die Sache mit dem Kreuz und mit Jesus auf sich hat, die ja im Christentum eine so bedeutsame Rolle spielt. Besonders eine Geschichte daraus sprach mich an: Es gab da einen Architekten, der berühmt wurde für einen Brückenbau. Was niemand wusste: Jede Nacht fuhr er an diese Brücke, um zu sehen, ob sie noch stand oder vielleicht Risse aufwies. Darin erkannte ich mein Leben wieder: Nach außen hin zeigte es sich als schöner Schein. Aber wenn ich allein war, stieg in mir die Angst hoch, dass die Fassade irgendwann bröckelt und Menschen durchschauen würden, wie allein ich mich oft fühlte, wie einsam ich war.

Dieses Gefühl war nun ganz verflogen: Durch regelmäßige Gottesdienstbesuche und die Teilnahme in einer christlichen Kleingruppe, einem sogenannten Hauskreis, fühlte ich mich aufgehoben wie in einer Familie. Das machte mich glücklich, weil diese Menschen wirklich füreinander da waren. Entsprechend waren die ersten Glaubensjahre wie ein angenehmer Spaziergang. Es wurde einfach alles besser!

Aber dann merkte ich plötzlich, dass die Welt um mich herum sich ja gar nicht geändert hatte. Viele Menschen in meinem

Umfeld gingen ganz andere Wege. Und sie fanden das auch gar nicht so toll, dass ich ständig von Gott redete. Ganz schwierig war das für meine Familie. Vorher war ich Sozialistin gewesen, nun Christin – beides machte ihnen Angst, als sie mitbekamen, dass die Sache mit dem Christsein nicht nur ein temporäres skurriles Hobby war. Sie erkannten mich nicht mehr wieder. Auch Freunde wandten sich von mir ab. Ich trank keinen Alkohol mehr und ging am Samstagabend nicht mehr auf Partys, weil ich nun für den Sonntag ebenso ausgeschlafen sein wollte wie meine studentische Theologenbekanntschaft damals. Außerdem hatte mein damaliger Freund überhaupt kein Verständnis für meine Veränderung. Allein die wöchentlichen Diskussionen, ob sonntags ausgeschlafen wird oder ich in den Gottesdienst gehe, zerrten so sehr an unserer Beziehung, dass ich mich fragte, wie das werden sollte, wenn wir verheiratet waren. Folglich trennte ich mich schließlich von ihm.

Die Suche nach dem richtigen Ehemann beschäftigte mich daraufhin in besonderer Weise. Ich wollte gern einen Christen heiraten, weil dann so grundlegende Entscheidungen in der gemeinsamen Lebensplanung, bestimmte Werte und Überzeugungen nicht mehr ständig infrage gestellt werden bräuchten. Am besten sollte der Christ gleich ein Pfarrer sein, weil ich dachte, das sind bestimmt die besseren Ehemänner. Nach dem Motto, wenn man droht zu ertrinken, dann nimmt man lieber den Rettungsschwimmer als den guten Schwimmer.

Was soll ich sagen, so kam es. Mein Traumprinz ist Pfarrer (wenn auch damals noch Student) und wir lernten uns bei einer Tagung in der Kuppel des Reichstages kennen. Als ich 2001 mein Studium abschloss, heirateten wir, was für meine atheistisch gesinnte Familie natürlich ein zusätzlicher Schock war. Denn nun war die skurrile Gesinnung nicht nur in meinem Herzen, sondern saß gleichsam personifiziert auch noch mit am Tisch. So sahen sie die Hoffnung schwinden, dass die komischen Anwandlungen allzu bald abflachen würden.

Inzwischen bin ich nun seit 19 Jahren mit einem Pfarrer verheiratet. Meine Mama hat sich damit abgefunden, dass ich wohl bei diesem Mann bleiben werde, und mein Vater kommt inzwischen sogar in die Kirche mit, wenn eins der Enkelkinder einen Chorauftritt hat. Manchmal nehmen sie auch eins unserer Kinder beiseite und fragen: »Hör mal, glaubst du wirklich, dass es einen Gott gibt?« – Ich glaube, die Antwort können Sie sich denken!

Und? Was machen wir heute Schönes? Die Entdeckung der Langsamkeit

Auch in der Krise bilden sich neue Traditionen: Heute haben wir wieder unseren 8-Uhr-Morgenspaziergang durch den Park gemacht. Seit ein paar Tagen sind alle Kinder zu Hause. Es ist mitten in der Woche, Schule und Kita sind in Brandenburg (wie im ganzen Land) seit Tagen geschlossen. Für unseren Fünfjährigen beginnt wieder ein wunderschöner Tag mit Mama und Papa – coronabedingt, denn Kita ist Schnee von gestern. Er rennt gut gelaunt einer Krähe hinterher und wir überlegen kurz, ob wir einfach seinem Beispiel folgen sollten. Denn wir haben ja jetzt Zeit. Sogar den Frühlingsblumen beim Wachsen zuzusehen, gehört zu den allmorgendlichen Höhepunkten in unserer so analog gewordenen Welt.

Ganz anders die älteren Geschwister. Die sitzen zu Hause vor dem Rechner und bearbeiten die zugeschickten Hausaufgaben. Die Tatsache, dass sie genauso wie der Kleine zu Hause sind, hat nichts damit zu tun, dass wir staatlichen Bildungseinrichtungen misstrauen. Wir sind auch keiner fundamentalistischen Sekte beigetreten. Vielmehr ist Homeschooling, einst bekämpft, die neue staatlich verordnete Normalität.

Mit bemerkenswerten Effekten: Unsere drei Teenies lernen plötzlich konzentrierter, schneller und besser. Für Laurenz (13) bedeutet das konkret: Nach zwei Stunden ist das Thema *Schule* gegessen. Jetzt ist Zeit für Sonnenbaden oder neue Kocherfahrungen. Zufrieden ist selbst unsere 18-Jährige, die gerade fürs Abi lernt. Das geht so flüssig von der Hand, dass noch Zeit bleibt, eine neue Programmiersprache zu lernen. Wer muss da noch zur Schule gehen?

Ähnlich geht es Maxi mit dem Thema *Kindergarten*. »Wozu gibt es eigentlich Erzieher, wenn man Mama und Papa hat?«, fragt er uns neulich. In Zeiten, in denen der öffentliche Sektor zum Erliegen kommt, erobern sich nicht nur Delfine vor der italienischen Küste ihren Lebensraum zurück, sondern auch unsere Kinder das Familienleben. Das ist nicht immer idyllisch, sondern manchmal auch durchaus stressig. Die Pubertät bringt ohnehin schon viel allgemeines Unwohlsein mit sich: Aber wenn nun in Zeiten ungewöhnlich stark genutzter Onlinekapazitäten das WLAN während der abendlichen Onlinezeit schwächelt, ist der Katastrophenfall schon fast nicht mehr abzuwenden und der Frust bricht sich Bahn. Auf engem Raum wird alles intensiver – im Guten wie im Schlechten. Während drei gemeinsamen Mahlzeiten kommt alles auf den Tisch, was Erwachsene und Kinder im Verlauf eines Tages bewegt, von den Corona-Fallzahlen über verschüttgegangenes Spielzeug, den unaufgeräumten Keller bis zum letzten Posting von irgendeinem YouTuber. Dass uns Eltern über den Schulverteiler schon Familientherapeuten angeboten werden, lässt allgemeines Konfliktpotenzial erahnen. Vermutlich ist dieser Tage in etlichen Familienbeziehungen viel Druck auf dem Kessel. Wer sich schon in normalen Zeiten nichts zu sagen hat, wird die Sprachlosigkeit jetzt umso stärker spüren. Die derzeit hochschnellende Scheidungsrate in China kommt nicht von ungefähr.

Aber auch positive Auswirkungen sind offensichtlich. Selten hatten wir so viel Zeit für lange Spaziergänge, Gartenarbeit und gemeinsame Gespräche über das, was uns und unsere Kids heute bewegt. Bei Clemens (15) ist das vor allem eines: ob wir auch etwas Schönes, irgendein Highlight geplant haben. Denn so ein Tag zu sechst ist lang. Ohne Freunde allzumal. So kochen wir neue Rezepte eines YouTubers nach, bemalen mit dem Jüngsten Ostereier oder bereiten Stockbrot für ein Lagerfeuer im Garten vor. Und alles mitten in der Woche.

Krisenhaft wird es offenbar jedoch häufig dort, wo zwei berufstätige Eltern nun plötzlich von zu Hause aus arbeiten und man sich nicht durchringen kann zu klären, wer sich wann um die Kinder kümmert. So trafen wir einen jungen, gestressten Richter aus der Kita beim Einkauf mit seinen Töchtern im Grundschulalter. Während er auf die Frage nach dem Befinden der Familie zu antworten versuchte, unterbrachen ihn seine Kleinen gefühlte 100-mal. Seine Frau sei bereits nach einer Woche Schulschließung fix und fertig und mit dem Vierjährigen zu Hause geblieben. Denn der braucht noch intensivere Betreuung. In seinen Erzählungen erschien die elterliche Angst vor den eigenen Kindern noch größer als vor dem Coronavirus.

Wie kommt man in einer solchen Ausnahmesituation durch die Tage? Unsere Antwort: *Jeden Tag einzeln!* »Es ist genug, dass jeder Tag seine eigene Plage hat«, sagt Jesus in der Bergpredigt. Im Moment erkennen wir die Richtigkeit dieses Satzes wie selten zuvor: Wir sind nicht Herr unserer Zukunft. Da hilft wieder der Blick auf die Frühlingsblumen im Park. Sie erinnern uns wie die berühmten »Lilien auf dem Felde« daran, dass ein anderer diese Welt in seiner Hand hält. Und er hat mit Sicherheit noch viel Schönes für uns bereit!

On a mission...

Das evangelische Pfarrhaus ist seit der Reformationszeit eine feste Kulturinstitution in unserem Land. Hier erfahren Menschen Hilfe und Begleitung. Und hier entstehen Botschaften, die uns motivieren, dem Leben auch in der neuen Woche wieder mit Leidenschaft zu begegnen.

Jede Generation muss neu erfinden, was das für ihre Zeit bedeutet. Martin Luther nutzte den aufkommenden Buchdruck und die Urkraft seiner Sprache, um seinen Landsleuten die Botschaft der Bibel zu verdeutlichen. Wir nutzen das Internet und soziale Medien!

Navikür

Unsere Website navikuer.de hilft der seit der Coronakrise wachsenden Anzahl an Menschen ohne Job bei der Navigation durch den Dschungel der Berufsplanung. Akquise-Strategien gestalten sich im Spannungsfeld von offenen und verdeckten Arbeitsmärkten heute zunehmend undurchsichtiger. Dazu kommt, dass viele Menschen den Jobwechsel auch für Perspektivwechsel und eine komplette Neuorientierung nutzen und die Frage nach dem Sinn und der Berufung ihrer Tätigkeit ganz neu stellen. Wir freuen uns hier, in Berufungsseminaren oder bei sog. Dreamdays in entspannter Atmosphäre bei der Antwortsuche behilflich zu sein.

www.navikuer.de

Janina Kürschner
*Diplom Volkswirtin &
Entwicklungshelferin*

Mathias J. Kürschner
*Theologe &
Berufungsnavigator*

Gründerzeit

Wer im Leben seinen Mann oder seine Frau stehen will, braucht eine solide Grundlage. Mit *gruenderzeit-potsdam.de* bieten wir Texte und Podcasts für die Fundamentierung eines solchen festen Standes. Wir verstehen die christliche Gemeinde als ideales Trainingsgelände und Experimentierfeld dafür: Kirche neu gedacht denkt über innovative Formen von Gemeinde nach, die festen Stand ermöglichen. Kirche neu bezeugt liefert die entsprechenden Botschaften, damit wir uns von Gott her neu zu verstehen lernen. Und Kirche neu gelebt setzt das exemplarisch in die Tat um: in einem kleinen, regelmäßigen Salonevent, in dem exemplarisch wird, wie eine tragende, aufbauende Gemeinschaft aussehen könnte. Mehr dazu findet ihr auf der nächsten Seite.

www.gruenderzeit-potsdam.de

Salon in Potsdam

Beim *Salon-in-potsdam.de* diskutieren wir mit unseren Nachbarn und guten Referenten das Leben. Dabei kommen wir, wenn's gut läuft, vom Smalltalk zu den großen Themen und genießen nebenbei bei einem Glas Wein, wie aus Nachbarn Freunde werden. Ganz ohne Zirkus und Theater. Aber immer ganz großes Kino!

www.salon-in-potsdam.de